좋아하는 일이
직업이 될 수 있을까?

좋아하는 일이
직업이 될 수 있을까

김해리 지음

목차

prologue

01 좋아하는 일 찾기

좋아하는 일이 직업이 될 수 있을까	10
잘 몰라도 괜찮아	14
예술세계를 여행하는 일	22
단점이 오히려 강점이 될 때	28
예술에 대한 새로운 상상	32

02 나의 키워드 수집하기

나의 일, 나의 첫사랑	38
나만의 캐릭터를 발견하는 법	42
점이 선이 되는 경험	48
사람들이 나를 찾는 순간	56
내 삶의 동력 찾기	60
시키지 않아도 하게 되는 일	64

03 나만의 일 만들기

'그냥 백수'가 되어 배운 것	88
작고 사소하지만, 나만의 콘텐츠	92
창업을 이렇게 해도 되는걸까? 아무튼, 창업	98
내 안의 목소리를 들어주는 일	104
성장의 비결은 결과가 아닌 과정에 있다	114
내 이름과 역할은 내가 정해야 한다	122

appendix. 나만의 이야기를 정리하는 법

나의 경험 지도 그리기	128
변하지 않는 나의 키워드 발견하기	130
내가 좋아하는 방식으로 내 정체성 결정하기	132
연결되고 싶은 사람들 구체화하기	134

epilogue

'일'이란 무엇일까요? 사람마다 일을 바라보는 관점이 다르겠지만, 저는 일을 참 좋아하는 사람입니다. 일은 제게 단순히 돈을 버는 수단 그 이상입니다. '좋아하는 일을 하면서 살고 싶다', '나만의 일을 찾고 싶다'는 마음은 저를 움직이는 가장 큰 에너지였습니다.

그러다 '예술경영'이라는 키워드를 발견했죠. 가슴이 마구 뛰었습니다. 하지만 그건 끝이 아닌 시작이었습니다. 제 일은 언제나 한마디로 설명하기가 어려웠습니다. 여기저기를 가로지르며 일해왔거든요. 저는 늘 경계에 있는 사람이었습니다. 아주 이쪽으로도, 그렇다고 저쪽으로도 가지 않고 변두리에서 서성이는, 조금 이상한 사람. 많이 이상했더라면 주변에서 아예 건드리지도 않았을 텐데, 저는 '조금' 이상했기 때문에 이런저런 충고도, 질문도 많이 받았던 것 같습니다.

사람들은 저에게 '해리는 재미있는 일 많이 하는 것 같은데, 그래서 무슨 일 하는 거야?'라는 질문을 자주 합니다. 그런 말을 들을 때마다 불안했고, 흔들렸습니다. 명확하게 대답하고 싶은데, 우물쭈물하는 제가 속상했습니다. '언젠가는 나에게 딱 맞는 이름이 나타나겠지', '딱 맞는 자리가 나타나겠지' 하면서 내 방황이 어서 끝나기를, 그래서 안정을 찾기를 기대했습니다. 어떤 날은 나만 이렇게 방황하고 있는 것 같아서 서러웠습니다. 내 감정에 빠져 울기도 많이 울었어요. 20대에는 '30대가 되면 안정되겠지' 생각했는데, 아니었습니다. 30대가 되어서는 '그래도 40대가 되면 괜찮지 않을까?' 생각했는데 40대 언니들이 '야, 나도 불안해!'라고 말해줬습니다. 아, 아니구나. 이상하게 안심이 되었습니다.

prologue

    이제는 압니다. 방황에 '끝'이란 없다는 것을. 그리고 완벽하게 안정된 삶 또한 없다는 것을. 지금 이 시점에서 제가 오랫동안 꿈꿔온, '나만의 일'이라는 개념을 새롭게 바라보려 합니다. '나만의 일'은 특정한 직장이나 직업을 선택하는 것이 아니고, 판타지처럼 '나를 위한 이상적인 일'이 언젠가 짠! 하고 등장해주는 것도 아닌 것 같습니다. '나만의 일'이란 고정불변한 단 하나의 무엇이 아니라, '지금 이 순간 나의 언어로 나의 일을 읽어주는 일', '동사'에 가까운 개념이 아닐까요. 그래서 나만의 일은 '찾는' 게 아니라 '만드는' 것이라 말해야 할지도 모르겠습니다.

    제가 저만의 일을 만들어 온 과정은 꼬불꼬불했습니다. 다른 사람은 어떨지 모르겠지만, 저는 매 순간이 어려웠고 외로웠습니다. 저에게 가장 위로와 영감이 되었던 책 역시 누군가의 성공담이 아닌 오답 노트였기에, 그런 책을 만들고 싶었습니다. 저의 지난 방황과 그럴 때 스스로 던져온 질문, 문제를 풀어온 방식이 누군가에게 작은 힘이 되기를 바랍니다. 덧붙여 예술이라는, 낯설지만 매력적인, 사랑스럽지만 불안한, 이 일을 선택한 엉뚱한 이들에게 깊은 애정을 전하고 싶습니다.

    꼭 예술경영을 하고 있는 사람에게만 해당되는 이야기는 아닐지도 모르겠습니다만, 우리는 타인을 위해 일할 때가 많습니다. 사람이 가진 고유의 반짝임을 잘 알아보고, 그것을 세상과 연결하는 일을 좋아하는 우리는, 정작 내 안의 반짝임은 돌보지 못하는 경우가 많은 것 같아요. 이 책을 읽는 순간만큼은 '나'에게 집중해 주면 좋겠습니다. 나만의 일 만들기는 그것으로부터 시작됩니다.

01 좋아하는 일 찾기

'사람이 어떻게 하고 싶은 것만 하고 살아', '일은 그냥 일이지'라고 말하는 사람도 있지만, 저는 꼭 좋아하는 일을 하면서 살고 싶었어요. 그래서 조금은 고집스러울 정도로, 좋아하는 순간을 찾는 데 몰두했답니다.

이 장에는 제가 좋아하는 일을 찾고 직업으로 만들기 위해 탐구하고 고민했던 시간들을 기록했습니다. 제 인생에서 가장 빛나던 시기이자, 또 가장 불안했던 시기입니다. 살다 보면 내가 처음 무언가를 좋아했던 최초의 순간이 자꾸만 흐릿해지는 것 같아요. 이 장을 쓰면서 시작의 마음을 다시 떠올리고 싶었습니다.

당신은 무엇을 일로 만들며 살고 싶었나요? 당신이 발견한 최초의 '좋아함'은 언제였나요?

좋아하는 일이 직업이 될 수 있을까

스물한 살 여름, 기획에 참여한 학교 행사 현장에서 나의 첫 번째 '좋아함'을 발견했다. 몇 달 동안 머릿속으로 상상했던 장면이 눈앞에 실제로 펼쳐지는 순간은 짜릿했다. "세상에, 이거야! 이런 일을 하면서 살아야겠어!"라고 생각했다. 이 일이 무슨 일인지 궁금했다.

내가 하고 싶은 일을 직접 만들어 보기로 했다. 마음이 맞는 친구들 몇 명과 모여 문화기획단을 만들었다. 세상의 다양한 것을 섞어 새로운 것을 만들자며 '블렌드 blend'라는 이름까지 지었다. 공연 기획, 전시 관람, 스터디… 이런저런 일들을 기획하기 시작했다.

그중 내가 제일 좋아했던 프로젝트는 폐관을 앞둔 을지로의 낡은 단관극장에서 진행한 공연 〈오래된 이야기〉다. 매일 손으로 쓰는 상영시간표부터 종이 티켓, 필름 영사기까지, 세월의 흔적이 그

대로 남아 있는 극장의 모습과 그곳에 얽힌 옛이야기에 빠져 기획하게 된 작업이었다. 재즈밴드가 올드팝을 연주하고 기억과 추억에 대한 이야기를 나누던 그 순간, 나는 이 일을 사랑하게 되었다.

하지만, 첫 공연을 해 보고 이 일이 얼마나 돈이 안 되는 일인지를 알았다. 회식을 하고 나니 20만 원의 적자가 남았다. 졸업이 가까워져 올수록 친구들은 '네가 하자고 해서 그냥 했던 것', '재미있을 것 같아서 한번 해 본 것' 등 다양한 이유로 활동에 뜸해졌다. '좋아함'만으로는 일이 될 수는 없다는 걸 알았다. '일'은 사회와 내가 맺는 관계이자 현실이기도 했다.

나와 비슷한 것을 꿈꾸며 그것을 일로 만들고 있는 사람은 없을까? 여기저기 찾아다녔다. 한 강연에서 어느 유명한 축제 감독이 폭탄 머리를 하고 나타나 '집을 담보로 빚을 내서 축제를 했다'는 에피소드를 들려줬다. 겁이 덜컥 났다. 나는 그 정도의 용기는 없는 것 같았다.

취업 시즌이 되었다. 어떤 친구는 100군데씩 취업 원서를 넣는다고 했다. 나 역시도 '이제 현실을 생각해야 하는 건 아닐까' 하는 생각이 들기 시작했다. 그런데 '현실을 생각한다'는 것은, '좋아함'을 포기해야만 하는 것일까? 어른이 되려면 그래야 하는 걸까? 다들 바쁘게 달려가고 있는데, 주춤거리고 있는 내가 이상한 사람 같아서 마음이 복잡해졌다.

그러던 어느 날, 예술 학교에 다니고 있던 한 친구를 만났다. 진로에 대한 고민을 털어놓으니 "네가 하고 싶어 하는 일을 하는 사람들이 모이는 학교가 있어. 그곳에서 그 사람들과 만나 이야기하다 보면 속이 시원해질지도 몰라"라며 예술경영이라는 분야를 소개해 주었다. 예술이라니. 나와는 너무 멀게 느껴져 당시엔 흘려들었지만 시간이 지날수록 자꾸 생각이 났다. 왠지 그곳에 가면 새로운 단서를 발견할 수 있을 것 같았다.

 아무에게도 이야기하지 않고 지원서를 썼다. 마지막 줄에 '저만의 일을 찾고 싶습니다'라는 글귀를 적어 넣었다. 마음 한 구석이 울렁거렸다.

좋아하는 일 찾기

2011년에 썼던 일기. 서랍 속에서 이걸 발견하고 조금 뭉클해졌다.

SATURDAY
June
5

공연 D-Day

① 설레 ✓
② 엽서
③ 포스트잇 ✓
④ 가위, 풀 ✓
⑤ 명찰 ✓
⑥ 조명 광도 조절기 ✓
⑦ 노트북 ✓
⑧ 플라스틱 컵
⑨ 음료수
⑩ 물
⑪ 프로젝터 ✓
⑫ 음향 ✓
⑬ 대본 ✓

적자상황 - 212,000

이러니 저러니 해도 난 이 일을 계속하게 될 것 같다.
아직 미숙하지만 더 많이 공부하고 열심히 해볼것이다.

잘 몰라도 괜찮아

 될 줄 몰랐는데, 덜컥 붙어 버렸다. 예술을 전문적으로 배워본 적도, 특별한 재능도 없었던 나이기에 이건 나뿐 아니라 모든 이들에게 아주 낯선 소식이었다. 예술학교에 가겠다고 했을 때 주변의 반응은 딱 반으로 갈렸다.

 첫째는 걱정.

 "거기 졸업하면 뭘 할 수 있어? 그런 건 알아보고 지원한 거야?"

 "거기 졸업생들은 평균적으로 얼마쯤 버는지 알아?"

 "인생에는 때가 있는 건데… 너, 시간을 낭비하는 거야."

 둘째는 선망.

 "너무 멋지다." (무엇이?)

 "네가 부러워." (무엇이?)

 "꿈을 찾아서 다 버리고 떠나는 거야?" (다 버린 적 없고 버릴 것도 없는데…)

나는 예술도, 예술경영도 잘 몰랐다. 그러니 내가 저런 말들에 명쾌하게 답을 할 수 있을 리가 없었고, 엄청난 소신과 뜻을 가지고 선택한 길도 아니었기에 선망 어린 시선을 즐길 여유도 없었다.

그렇게 마음 한구석엔 불안을, 그래도 또 한쪽엔 새로운 시작에 대한 설렘을 안고 나의 예술 학교 생활이 시작되었다. 졸업을 하면 당연히 대기업에 들어가리라 기대했던 부모님의 실망은 이만저만이 아니었다. 그래서 한 학기만 경험해 보고 그만두고 취업을 하기로 약속을 하고 들어갔다. (물론 말만 그렇게 하고 결국은 안 그만뒀지만.)

그래서일까. 학교에 막 들어갔을 때, 나는 꽤 비장했다. 이곳에서 무언가 해내야 한다는 생각, 보여줘야 한다는 생각에 사로잡혀 있었던 것 같다. 고백하자면, 나는 학교 생활을 마음껏 즐기지 못했다. 내 마음의 속도가 성장의 속도보다 빨랐기 때문이다.

그 모습은 다른 이의 눈에도 그대로 비쳤던 모양이다. 한 학년이 끝나갈 무렵, 교수님이 나를 부르셨다. "해리야, 너는 어떤 걸 하고 싶니?" 뜻밖의 질문이었다. 다른 사람들은 제 자리를 찾아가는 것이 보이는데 나만큼은 어디로 가고 있는지 잘 보이지 않아서 궁금하다는 것이었다.

"저는…" 말문이 막혔다. "사실, 저… 하고 싶은 게 뭔지 모르겠어요." 갑자기 눈물이 뚝뚝 떨어지기 시작했다. 한번 터진 눈물은 멈출 줄을 몰랐다. 꾹꾹 눌러 왔던 감정이 예상치 못한 순간에 흘러 넘쳐 버렸다.

생각해보면 '모른다'는 사실을 입 밖으로 낸 것이 그때가 처음이었다. 앞을 모른다는 사실이 두려웠다. '이 세상에 내 자리는 없을 것 같다'는 마음에서 헤어 나오기가 어려웠다. 주변의 사람들은 나에게 마음의 방향이나 감정이 아니라 예상 성과나 결과를 물어봤고, 나는 내가 명쾌한 답을 하지 못하는 것이 불안했다. 내 선택에 과도한 책임감을 느끼고 있었던 것 같다. 모르니까, 알고 싶어서 선택한 길인데, 왜 답을 내지 못한다고 나를 자책했을까? 그때 나에게 필요한 건 다른 사람의 질문에 답을 하는 게 아니라, 나 스스로 질문을 발견하는 것이었는데.

나는 지나간 일에 미련이 없는 사람이고 '그때 내가 그런 선택을 했던 건 이유가 있겠지. 다시 돌아가도 똑같이 그럴걸?' 하며 많은 일들을 웃어넘기는 편인데, 그런 내가 유일하게 아쉬워하는 것이 예술 학교에 다녔던 바로 그 순간이다. 조급해하고 불안해하느라 나 자신을 온전히 그 경험 속에 빠뜨리지 못하고 다시 오지 않을 빛나는 시간을 흘려보낸 것이 훗날, 두고 두고 아쉬웠더랬다.

〈길 잃기 안내서〉에서 리베카 솔닛은 길을 잃지 않는 것은 사는 것이 아니며, 문제는 '어떻게 길을 잃을 것인가'라고 말한다. 이 문장을 읽었을 때 기분 좋은 충격을 받았다. 어쩌면 나는 그동안 길을 잃지 않으려고 온몸에 힘을 주며 걸었던 것이 아닐까? 길을 잃는 것은 지극히 자연스러운 것이고, 삶의 변화는 언제나 낯선 길 위에서 일어나는 것인데 말이다.

그때로 돌아간다면 나에게 조금 너그러워지고 싶다. "네가 지금 모르는 것은 당연해. 지금 이 순간에만 할 수 있는 경험을 즐겨 봐.

앞으로 어떤 일이 벌어질지 기대해 봐. 너를 조금만 기다려 줘."라고 말해주고 싶다. 그리고 이 말은 언제나 새로운 시도를 앞둔 모든 상황에 되새기고 싶은 말이다.

막간해리툰 — "시작의 비결은 즐거움"

내겐 쓸 모를 찾는 버릇이 있다. 처음부터 멋진 결과물을 상상하며 조금은 성급하게 일의 이유를 결정하고 싶어하는 것이다.

그 버릇은 오히려 나의 가능성을 제한하곤
했다. 나에게 너무 빨리 실망해 버렸기
때문이다. (나의 부족함을 견딜 수 없어...)

결국 가장 중요한 것은 작업과정을 즐기는 것이고 결과는 결코 미리 알 수 없는 것이다. 그러니 나에게 필요한 것은,

내가 왜 그 일을
하고 싶어했는지를
 다시 생각해볼 것.
분명 첫 시작점에는
'즐거움'이 있을테니.
(거기에 더 집중해보자!!)

예술세계를 여행하는 일

"바람을 표현해 보세요." 눈앞에서 무용수들이 빙글빙글 돌며 몸으로 바람을 표현하고 있었다. 낯선 풍경이었다. 아니, 이제는 이것이 내 일상이었다. 학교 복도에 서 있으면 여기저기에서 다양한 소리가 들려왔다. 첼로 연주 소리, 대본을 읽는 소리, 장구를 두드리는 소리…. 새삼 신기해 멈추어 귀를 기울일 때도 많았다.

대화 주제도 새로웠다. 다 처음 들어보는 이야기들이었다. 그들의 이야기를 따라 매일 공연을 보러 다녔고, 독특한 예술공간들을 탐방했다. 파도 파도 계속 나왔다. 전통예술, 현대무용, 순수연극, 다원예술, 국립극장, 두산아트센터… 이렇게 많은 예술가와 예술장르, 예술공간이 존재했다니. '우리나라에는 문화예술을 즐길 만한 곳이 없다'고 투덜거렸는데, 있었지만 내가 몰랐을 뿐이라는 걸 알았다. 나는 예술세계를 여행하는 재미에 푹 빠져들었다.

좋아하는 일 찾기

정말 열심히 공연을 보러 다녔었다.

처음 경험해 본 백스테이지의 풍경. 무척 들떠서 사진을 찍었던 기억이 난다.

이런 예술공간, 그리고 예술 콘텐츠가 있다는 건 대체 누가 알려 주는 걸까? 왜 예술가들은 홍보를 자기 페이스북에만 올리는 걸까? 예술 홍보물에 쓰여 있는 말은 왜 이렇게 어려울까? 사람들이 예술과 가까워질 수 있는 방법은 무엇일까? 그런 질문들로 다양한 활동을 시작했다. 친근한 언어로 예술 프로젝트를 소개하는 1인 미디어를 운영하기도 하고, 예술가의 작업실을 방문해 대화를 나누는 사교클럽을 기획하기도 하고, 연극, 공연예술축제, 아트마켓 등의 프로젝트에 참여하기도 했다.

관객으로 볼 때는 몰랐는데 공연 하나를 올리기까지는 정말 많은 손길이 필요했다. 극작가, 연출가, 배우, 조명감독, 무대감독, 음향감독, 무대 디자이너, 의상 디자이너… 세상에 존재하는 줄도 몰랐던 일을 하는 사람들과 만났다. 인생에서 처음으로 티켓 부스에도 앉아 보았고, 오디션과 리허설 현장을 지켜보며 무대 뒤의 삶을 알게 됐으며, 문화예술이라는 키워드로 외국에서 건너온 아티스트들과 친구가 되었다. 예술학교에 오지 않았으면 평생 몰랐을 세계였다.

나에게 예술은, 삶을 변화시키는 영감이자 에너지였다. 다양한 예술 작업과 예술가들을 만나면서 생각의 틀이 부서졌다. 나와는 다른 방식으로 살아가는 이들의 삶을 경험하며 내 세계가 확장되는 것을 느꼈다. 주변에서 말하는 대로 살지 않으면 큰일 나는 줄 알았던 나다. 내가 그동안 비슷한 모양의 삶을 살아가는 사람들 사이에서 성장해왔고, 다양한 삶의 방식을 탐구해볼 기회가 부족했다는 것을 깨달았다. '세상에 이런 사람들도 있구나', '이렇게 살아갈 수도 있구나' 다양한 사례 그리고 감각들과 충돌하며 나의 삶을 조금 다르게 상상해보기 시작했다.

예술 세계에 첫발을 디딘 그때는 그 어느 때보다 찬란했지만 그만큼 혼란스러운 시절이기도 했다. 내가 막연하게 상상한 예술과 실제 예술의 세계는 조금 달랐다. 공연 기획안 과제가 있던 날, '이거야말로 내가 제일 잘 하는 일이지!' 하며 신나게 기획안을 써서 냈다. 내 기획안을 받아든 선생님은 곤란한 얼굴이 되었다. "이건 공연기획안이 아니라 홍보기획안이에요." 당황해서 다른 사람들의 기획안을 살펴보니 작가와 연출가, 다루고자 하는 주제 등 콘텐츠와 창작자에 대한 내용이 디테일하게 실려 있었다. 이건… 내가 쓸 수 없는 기획안이었다. 이럴 수가! 나는 지금까지 이런 게 공연 기획이라고 믿고 여기까지 온 것인데! 어떡하지?

내가 작성한 예산서를 보며 무대미술과 언니는 "이 돈으로는 아무것도 만들 수 없어"라며 놀렸다. 하지만 언니의 기획안도 놀랍기는 마찬가지였다. 모객이나 예산에 대한 계획이 전혀 없었기 때문이었다. 모자라는 예산은 어디에서 충당할 예정이냐고 묻자 언니는 으쓱하며 "내 주머니?"라고 대답하고 씩 웃었다. '창작하는 사람들은 창작 외엔 대체로 관심이 없구나' 느끼게 된 순간이었다. 예술 기획에서 가장 중요한 것은 창작자와 창작환경을 이해하는 일, 예술에 대한 지식이라는 걸 알았다. 나는 왜 예술을 하려고 했을까? 내가 좋아했던 예술의 본질은 뭐였을까? 그래서 난 뭘 하고 싶은 걸까?

우리나라 최고의 순수예술축제, 서울국제공연예술제에 해외초

청작을 보러 갔던 어느 날, 공연이 끝난 후 '관객과의 대화'가 열렸다. 한 관객이 손을 들고 연출가에게 질문을 던졌다. 그는 자신이 이해한 것이 맞는지, 연출가의 의도를 맞춘 것이 맞는지 확인받고 싶어했다. 연출가는 오히려 나는 당신이 어떻게 보았는지 궁금하고, 대화하고 싶다고 말했지만, 그 관객은 망설이다가 결국 아무 말도 하지 못하고 자리에 앉았다.

스스로 내린 나만의 답이 아닌 '정답'을 갈구하는 모습이 내내 마음 한구석에 걸려 잊히지 않았다. 사실은 그 모습이 낯설지 않았다. 그는 나이기도 했다. 왜 우리는 자유로운 예술의 현장에서조차 자유롭지 못할까? 예술을 '어렵다'고 느끼게 하는 벽은 무엇일까? 내가 하려고 하는 예술은 무엇일까? 예술적으로 사는 삶과 예술을 직업으로 삼는 삶은 무엇이 다를까? 마음속에 질문이 가득 쌓였다.

단점이 오히려 강점이 될 때

예술 학교에는 어렸을 때부터 예술을 해온 사람들이 많았고, 대부분 특정한 예술 장르에 전문성을 갖추고 있었다. 나는 모든 게 처음이었다. 연극도 좋고, 영화도 좋고, 현대무용도 좋았다. 사실 모든 장르와 모든 창작자가 다 좋았다. 그 말은 뚜렷한 하나가 없다는 의미이기도 했다. 전통예술이면 전통예술, 클래식이면 클래식, 자기만의 분야가 확실한 사람들이 부러웠다.

솔직히 말하자면 그런 쪽으로는 자신이 없었다. 작품에 대한 평론이나 소개 글만 봐도 머리가 아팠다. 예술이 '어려운 것'이라고 말하는 사람들의 심정이 이해가 갔다. 전문예술 지식을 갖춘 학교 안의 사람들 사이에서 자꾸만 자신감을 잃어갔다. 오래전부터 전문적으로 예술을 배운 사람들을 따라갈 재간이 없었다. '내가 이 세계에서 할 수 있는 일은 없을지도 몰라' 그런 생각이 스멀스멀 올라왔다.

나는 애매한 사람이었다. 예전에도 나는 주변과 조금 달랐는데, 이곳에서도 그랬다. 나는 내가 굉장히 예술적이고 감성적인 사람인 줄 알았는데, 예술 학교에 와보니 나는 꽤 현실적이고 이성적인 사람이었다. 나는 어디에서 어떤 일을 할 수 있을까? 조급한 마음에 이곳저곳에 지원서를 넣어봤다. 예술단체, 미술관, 극장, 홍보회사까지. 하고 싶은 게 많은 나처럼 지원한 곳도 다양했다. 결과적으로는 다 떨어졌다. 예술단체에서는 '비즈니스에 더 적합한 사람인 것 같다'는 말을 했고, 비즈니스 조직에서는 '너무 예술적이라 회사에 적응하지 못할 것 같다'는 말을 했다. 혼란스러웠다. 그럼 난 어디서 일해야 하지?

한참 고민에 빠져 있을 때, 과방에서 매일 졸업논문과 씨름하던 언니가 있었다. 자연스레 과방에 갈 때마다 한두 마디씩 담소를 나누곤 했다. 어느 날 언니가 툭, 이런 말을 던졌다.

"해리 너는 기획을 잘하잖아. 혼자서 미디어 운영도 하고."

"저는 그런 게 좋아서 여기 왔거든요. 너무 재밌어요."

"진짜? 좋겠다! 계획 짜고, 컨셉 뽑고, 글 쓰고, 그런 거 나는 너무 하기 싫거든. 그거 되게 대단한 거야."

언니는 잊어버렸을지도 모르지만, 나에겐 이 대화가 엄청난 힌트가 되어주었다. 부족하다는 생각에 빠져 나는 내가 가진 것들을 보지 못했다. 그리고 주변을 둘러보니 정말 계획적으로 일을 꾸미고 커뮤니케이션하는 '기획'이라는 일의 특성을 좋아하는 사람은 많지 않았다. 나는 오히려 반대였다. 기획하는 일이 너무 좋았다. 어떤 아이디어를 머릿속으로 굴려 계획적으로 추진해 현실로 만들어 나가는 과정이 재미있었다. '기획이 좋은데, 무엇을 기획하면서 살아갈까.' 생각해봤을 때 문화예술 프로젝트를 만드는 것이 가장 즐겁고 행복했기에 이 분야를 선택했던 것이었다.

'나는 예술 지식이 너무 부족해.'

'나는 예술을 배운 적이 없어서 예술계의 언어와 시스템을 잘 몰라.'

'다들 한 장르에 대한 깊은 전문성이 있는데 나는 그런 건 자신 없어.'

계속 나의 부족한 점을 찾아내며 주눅 들었는데, 뒤집어 생각해보니 나는 한 가지 장르에 매이지 않고 여러 장르를 다룰 수 있는 사람이었다. 업계에서 통용되는 관례나 원칙을 잘 모른다는 점도 오히려 새로운 발상이나 시도를 쉽게 할 수 있다는 가능성이 될 수 있었다. 실제로 나는 이미 예술 세계에 익숙한 사람들이 보지 못하는 것을 볼 줄 알았다.

문학평론가 신형철은 어쩌다 작품 합평을 할 때면 학생들에게 '한 가지를 비판하고 싶으면 먼저 다섯 가지를 칭찬하라'고 권장한다고 한다. 인위적으로 상처를 입혀야 누군가를 성장시킬 수 있다고 믿는 것은 낡은 생각일 수 있으며, 제 작품에서 알아야 할 것은 '자기도 잘 아는' 단점이 아니라 '자기는 잘 모르는' 장점이라는 것이다.

'예술가로 성장한다는 것은 단점을 하나씩 없애서 흠 없이 무난한 상태로 변하는 일이 아니라 누구와도 또렷한 장점 하나 위에 자신을 세우는 일이라고 말해볼 수도 있겠다'는 그의 말을, 스스로에게 적용해 주어도 좋겠다고 생각했다. 단점을 채워 넣어 다른 사람과 똑같아지려고 하지 말라고, 나를 인위적으로 상처 입히는 방식으로 자신을 성장시키려 하지 말라고 말이다.

모든 것을 다 잘할 수는 없다. 나에게는 단점이 있고, 그 단점의 뒷면에는 장점이 있다. 단점이 없는 완벽한 사람이기보다는, 또렷한 사람이 되고 싶다. 내가 초라하게 느껴질 때마다 이 마음을 기억하고 싶다.

예술에 대한 새로운 상상

'나는 기업에서 일해본 경험이 있으니까, 그럼 오히려 이 분야가 맞지 않을까?' 하는 마음으로 〈기업과 문화예술〉 수업을 신청했다. '문화마케팅', '아트콜라보' 같은 단어들이 자주 들려오던 때였다. 기업 내 문화예술교육 도입, 조직원들의 문화예술 활동 지원, 문화공간 조성, 조직문화 개선… 다양한 사례들을 통해 일상을 바꾸는 예술의 가능성을 꿈꾸듯 탐구하기 시작했다.

그 해, 유럽에서 예술적 에너지로 기업 혁신을 시도하고 있는 이론가와 활동가들이 와서 흥미로운 개념과 사례들을 공유했다. 그 중 런던예술대학에서 온 지오바니 쉬우마는 예술이 비즈니스 혁신에 미치는 영향을 체계적으로 분석하며 '예술 기반 이니셔티브(Arts-Based Initiative)'라는 개념을 제시했는데, 눈에 보이는 성과로 증명하기 어려운 예술의 가치를 비즈니스의 언어로 풀어 전달하는 모습이 인상적이었다.

   나는 베를린사회문화연구소의 아리안 베르토인 안탈이 제시한 '예술적 개입(Artistic Intervention)'이라는 개념에 매료되었다. 예술적 개입이란, 예술가나 예술 단체가 기업, 기관 등의 조직에 투입되어 서로 교류하며 다양한 차원으로 조직을 변화시키며, 그 자체가 예술적 작업으로서도 의미를 갖는 과정을 의미했다. 브랜딩이나 상품 개발을 위한 콜라보레이션이나, 예술가를 일방적으로 지원하는 스폰서쉽과는 다른 개념이었다. 어느 한쪽의 이익을 위한 일방적인 관계가 아니라, 예술과 조직이 전혀 다른 세계를 탐험하는 과정에서 발생하는 창조적 충돌(Creative Clash)이 양쪽 모두의 발전에 도움이 된다는 것이 흥미로웠다.

   이들과의 만남은, 기업과 예술이 만나는 방식을 '문화행사를 하는 것', '아티스트와의 콜라보레이션' 정도로만 생각했던 나에게 큰 전환점이 되었다. 이들은 모두 입을 모아 '매개자의 역할'을 강조하였다. 기업과 예술 양쪽을 이해하고 효율적으로 매개하는 사람이 중요하다는 것이다. 이런 과정을 주도하고 실험할 수 있다니! 그 날부터 나만의 예술적 개입 프로젝트와 매개자로서의 내 모습을 상상해 보기 시작했다.

   이쪽에도 저쪽에도 완전히 해당하지 않아 '애매한 사람'이라고만 생각했던 나의 특성이 어쩌면 이 일에서만큼은 강점이 되지 않을까? 내가 서로 다른 존재들을 이해하고 연결하는 일을 할 수 있지 않을까? 그때부터 예술에 대해 새로운 상상을 하기 시작했다. 사례가 없는 일을 만들어 보고 싶어졌다.

막간해리툰 — "내게 딱 맞는 일이 없다면"

내가 처음 커리어를 시작할 무렵,
이미 세상에 만들어져 있는 이름과 조각 중에서
나에게 맞는 것을 찾으려고 애썼다.
당연히 그래야 하는 줄 알았지.

그렇게 고르고 골라서 지원한 회사에서 떨어졌을때 (지금 생각해보면 웃기지만) 대망 충격을 받았다. 안 그래도 회사는 다니기 싫은데 받아주지도 않다니!

왕거만

02 나의 키워드 수집하기

이제부터는 저의 일 이야기가 본격적으로 시작됩니다. 저의 일 경험은 얼핏 보면 서로 연관이 없어 보입니다. 달라도 너무 다른 예술 조직과 비즈니스 조직 사이를 오가면서 일했거든요. 게다가 아무도 시키지 않은, 돈도 안 되는, '쓸모 없는 일'을 참 열심히 하는 사람이기도 했고요.

"나는 왜 이렇게 마음을 정하지 못하고 방황하는 걸까?" 생각하기도 했는데요. 그 과정에서 스스로에 대한 힌트를 정말 많이 발견하고 수집해 왔다는 걸 깨달았습니다. 어쩌면 나의 일이라는 건, 세상에 있는 언어로 설명할 수 없는 것일지도 모른다고 생각하게 되었어요.

이 장에는 '내가 좋아하는 것' 속에서 나만의 키워드를 발견해 온 과정을 기록했습니다. 그 중엔 '잘 하는 것'도 있었고 '못 하는 것'도 있었고 '허무맹랑하지만 꼭 하고 싶은 것'도 있었습니다. 제가 저를 새롭게 바라보게 된 순간에 발견한 키워드들입니다. 이 장을 읽으면서 여러분 또한 지난 경험과 그 속에서의 '나'를 떠올려 보시기를 바랍니다.

당신은 스스로를 얼마나 알고 있나요? 당신의 지난 경험들은 당신에게 어떤 의미를 갖나요? 당신은 어떤 키워드를 가진 사람인가요? 그 중에 삶에 남기고 싶은 키워드는 무엇인가요?

나의 일, 나의 첫사랑

나의 첫 번째 직업은, 축제기획자였다. 특정한 예술 장르에 얽매이지 않는 기획 중심의 조직에서 일해보고 싶었고, 다양한 예술가들이 독립적으로 만들어 내는 작업의 매력에 빠져 있던 차였다. 그때 내 눈에 들어온 곳이 예술가들의 도전적인 실험과 지속적인 작품 제작을 독려하는 조직, 서울프린지네트워크였다.

프린지는 내게 첫사랑 같은 존재였다. 너무나 좋아한 일이었다. 처음 일을 시작했을 때에는 설레는 마음이 진정이 안 되어 뛰어서 집에 갈 정도였다. 그토록 꿈꾸던 '나만의 일'을 발견했다는 생각에 웃다가 잠이 들었다. 많은 돈은 아니었지만, 좋아하는 일을 하면서 돈을 벌 수 있다는 것만으로도 행복했다.

서울프린지네트워크의 주요 프로젝트는 서울프린지페스티벌이었다. 서울프린지페스티벌은 매년 여름마다 개최되는 독립예술축제다. 프린지페스티벌은 특정한 방식의 예술축제를 의미하며, 서울을 제외하고도 전세계적으로 개최된다. 1947년, 영국 에딘버러 페스티벌에 초청받지 못한 8개의 젊은 예술단체들이 축제가 열리는 도시 주변부의 빈 창고, 지하실, 거리 등의 공간에서 자신들의 공연을 선보였던 것에서 출발한 개념이다.

이 축제의 특징은 일반적인 예술축제와는 달리, 사무국에서 작품을 심사하여 선별하지 않으며 예술가들이 경력에 상관없이 자유로이 작품을 발표하고 교류한다는 점이다. 서울프린지페스티벌에서도 매년 100여 팀의 예술가들이 작품을 발표하고 있었다. 나는 누구나 검열 없이 작품을 발표할 수 있고 누구나 예술가가 될 수 있는 프린지 특유의 자유로움에 반했다. 우열이 아닌 다름을, 개개인의 다양한 표현을 이야기하는 철학은 큰 영감이 되었다.

하지만 프린지에서 일하는 현실은 꽤 터프했다. 나는 프린지에 들어가자마자 홍보팀장이 되었다. 선임들이 때맞춰 전부 퇴사를 했기 때문이었다. 프린지답게, 나에게는 무한한 자유와 무한한 책임이 주어졌다. 생각하는 것은 무엇이든 할 수 있었고, 또 무엇이든 스스로 해내야 했다.

프린지에서 가장 많은 시간을 할애했던 일은 예술가들과 만나고 또 그들의 작업을 이해하는 일이었다. 예술생태계의 다양성을 이야기하는 독립예술플랫폼의 특성 덕에 학교에서 경험한 것보다도 더 다양한 예술가, 창작 작업과 만날 수 있었다. 거대한 규모의 극장이 아닌 숨어있는 소극장과 대안공간을 누비고 다녔고, 기존의 언어로 명확하게 규정할 수 없는 독특한 형태의 예술 실험을 일상적으로 경험하였다. 웬만큼 이상해서는 이상하다고 말하기도 어려울 만큼 이상한 날들의 연속이었다.

단 6명만이 초대된 이상한 공연, 처음 만난 우리는 입에 넣으면 해에 초록물이 드는 물질을 받아먹고, 부엌 찬장에 몸을 구겨 넣었고, 타인의 침대에 나란히 누워 졸았으며, 마지막에는 좁디좁은 화장실에서 샤워기로 물세례를 받았더랬다. 글로 적으니 정말로 더 이상하다. 심지어 문 앞에서 작별 의식을 치르는 우리를 본 어느 주민은 종교 단체가 아니냐며 우릴 신고했다. 세상에. (2014년 7월, 페이스북에 쓴 일기)

프린지는 예술가들에게 친정 같은 존재였다. 하루에도 몇 번씩 예술가들이 방문해 현재 진행 중인 작업에 대해 이야기를 나누었고, 그들을 환대하고 그 이야기를 잘 듣고 발전시키는 것이 우리의 주요한 일이었다. 본격적인 축제 시즌이 다가오면서부터는 하루 종일 인터뷰만 하는 날들도 많았다. 100여 팀이 넘는 창작자들의 작업을 듣고, 기록하고, 알려야 했기 때문이다.

서울프린지페스티벌 예술가 인터뷰가 시작되었다. 오늘로 사흘째다. 하루에 7팀, 한 시간에 걸쳐 이야기를 나누고 있다. 인터뷰라는 것의 특성상 한쪽이 많은 질문을 던지며 상대방을 탐구하기 마련이다. 나는 본래 새롭고 흥미로운 사람과 만나 대화를 하는 것을 좋아하는 편이지만, 이렇게 완벽하게 청자의 역할을 도맡았던 적이 있었던가 싶다. 매일 꼬박꼬박 7시간씩 잘 들으려고 노력하고 있다. 개인적으로 꽤 인상적인 기억이 될 것 같다. 무언가에 깊게 몰두해 있는, 즐거워하는, 열정적인 사람들과 만나는 일은 참 재미가 있다. 나는 예전부터 쓸데없어 보이는 것을 진지하게 대하는 종류의 사람들을 좋아했는데 프린지는 그런 사람들 천지다. 다들 어디에 숨어있다가 다 여기로 몰려왔나 모르겠다. 눈을 반짝반짝하면서 작업에 대해서 말하는 사람들은 모두 예쁘다. 솔직히 하루종일 앉아서 이야기를 하려니 당 떨어지고 힘들긴 하지만, 하루의 반 이상을 웃으며 시간을 보낸다는 건 나쁘지 않은 일이다. 오늘은 심지어 어떤 분이 국내에 들어오지도 않은 어느 해외의 악기를 가지고 오셔서 연주를 하는 통에 옆 방에서 다른 인터뷰를 하다 말고 뒤집어졌다! 이런 비일상적인 이야기와 사건들로 점철된 일상이라니. 이제 이 매력적인 사람들을 잘 소개하고 알리는 나의 몫이 남아 있다. (2014년 6월, 페이스북에 쓴 일기)

그해의 여름은 뜨거웠다. 대화 속의 작업이 현실로 구현되는 현장은 경이로웠다. 저녁노을이 번지는 하늘빛을 보며 '나는 이 순간을 오래도록 잊지 못하겠구나' 생각했다. 좋아하는 만큼 하고 싶은 것도 많았고 잘하고 싶은 마음도 컸다. 축제 시즌에는 아예 집에서 나와서 합숙을 하며 지냈다. 지금 생각해보면 어떻게 다 했을까, 조금 덜 해도 좋지 않았을까, 그랬더라면 조금 덜 지치지 않았을까, 그런 생각이 들 정도로 많은 일들을 해냈다.

하지만 다시 돌아가도 나는 또 그렇게 했을 것 같다. 그렇게 하고 싶은 만큼 다 해보면서 나의 부족함도, 한계도 알게 됐다. 나에게 필요한 것이 무엇인지도 배울 수 있었고 좋아하는 마음만으로는 충분하지 않을 수 있다는 것도 알게 됐다.

나만의 캐릭터를 발견하는 법

 축제가 끝나고, 나는 정말 좋아했던 그 일을 그만두었다. 좋아했던 만큼, 마음이 변하는 것이 괴로웠다. 그때 나는 일을 객관화해서 바라보는 법을 몰랐던 것 같다. 일이 곧 삶이었고, 삶이 곧 일이었기 때문에 더 분리하지 못했다. '어렵게 찾아낸 이 일에 왜 나는 또 만족하지 못할까?'라며 자책하기도 했다.
 그렇게 첫사랑과 같았던 첫 번째 일을 그만두고, 나는 그 시간을 충분히 회고해주지 않았다. 그 일이 나에게 어떤 의미였고 그 안에서 어떤 것들을 발견했는지 스스로에게 묻지 않은 채, 그저 이별의 감정을 털어내기 바빴다. 하지만 내 일의 의미를 자신의 언어로 읽어내지 않으면, 그 일은 온전히 나의 것이 되어 주지 않고 희미해지고 마는 것 같다. 꽤 오랜 시간 그때의 경험은 '정말 좋아했지만 결국 그만둔 일' 정도로만 남아 있었다.

나는 왜 그렇게 그게 좋았을까? 나는 어떤 것에 그렇게 끌렸던 걸까? 그 시간을 새로운 시선으로 다시 바라보기로 했다. 바로 나의 '캐릭터'를 기준으로 지난 경험을 재해석해보는 것이다. 조직의 이름도 직함도 다 떼고 다시 생각해보기로 했다. 그 속에서 나는 어떤 사람이었는지, 무엇을 잘하고 싶어했고 무엇에 정성을 쏟았는지, 다들 괜찮다고 하는데 유독 그냥 넘어가지 못하고 매달렸던 일은 무엇이었는지— 돌이켜 보니 나는 이런 캐릭터였다.

본질을 정확하게 이해하고 정리하는 사람

내가 좋아하는 것을 정확하게 이해하고, 누구나 이해할 수 있는 방식으로 정리하는 일. 그건 내가 가장 잘하는 일이었다. '프린지를 어떻게 이해하고 알릴 것인가'는 당시 나의 최대 관심사였다.

프린지는 젊은 예술 축제이지만 꼭 지켜야 하는 무언가가 있는, 역사가 있는 브랜드이기도 했다. 수많은 이야기와 가치관이 복잡하게 얽혀 있었다. 90년대 대학로에서 난장을 벌였던 젊은 창작자들은 어느덧 중년이 되었고, 축제에는 새로운 세대의 기획자와 예술가들이 새롭게 밀려들고 있었다. 시대의 흐름 또한 변했다. 이 시대의 맥락에 맞게 프린지의 정체성을 재정의해야 했다.

프린지 안에서는 '정말 프린지스럽다', '그건 프린지답지 않다'는 식의 이야기가 자주 오갔다. 모호하게 느껴지는 '프린지다움'이라는 단어를 명확한 한 문장으로 정의하기 위해 수많은 대화를 나눴다. 이 질문은 늘 '그래서 예술이 뭐지?', '우리는 예술 생태계에서 어떤 역할을 해야 하지?'라는 본질적인 물음으로 되돌아갔다.

결과적으로 우리가 정의한 프린지의 핵심 가치는, '기성의 시스템과 사회가 부여한 역할에서 벗어나 나 스스로 내가 나의 가치와 정체성을 확립하는 것'이었다. 생각하고 상상하는 것은 무엇이든 실행해 보는 것, 원하는 것을 원하는 방식으로 자유롭게 표현하고, 그 일을 하나부터 열까지 직접 책임지는 것. 그러면서 자신의 한계와 직면하는 것, 내 곁의 동료와 연대하는 것. 그게 프린지였다. 내가 없던 것을 만들어낸 것은 아니었다. 프린지 안에서는 언제나 좋은 이야기들이 떠다녔고, 나는 그걸 포착해 정리하는 것을 좋아하고 잘할 뿐이었다.

새롭게 이름 붙이고 의미를 부여하는 사람

그다음으로 열심히 했던 일은 〈프린지 키워드 프로젝트〉였다. 기성 예술의 언어가 서울프린지페스티벌의 작품들을 담아내기에 충분하지 않다고 느껴 기획하게 된 프로젝트다. 실제로 아티스트 인터뷰를 진행하다 보면, 기존의 언어로 자신의 작업을 표현할 수 없어 혼란을 느끼는 경우를 많이 볼 수 있었다. 독립예술을 표현하는 새로운 언어 시스템이 필요하다고 생각했다.

관객을 배려하고 싶은 마음도 있었다. 프린지 작품 소개 글 대부분이 추상적인 언어로 이루어져 있기 때문에, 조금 더 구체적이고 명료한 언어로 커뮤니케이션하고 싶었다. 예술가와 프린지가 함께 자신의 작품을 가장 잘 표현할 수 있는 키워드들을 먼저 뽑아내고, 이렇게 만든 '프린지 키워드'를 축제 홈페이지와 가이드북, 리플렛 등을 통해 공개했다. 유사한 작업은 공통의 키워드로 묶어주기도 했다. 이후 작품을 관람한 관객들이 자신이 생각하는 작품의 키워드를 덧붙여 주는 방식으로 프로젝트를 전개했다.

다양한 주체를 연결하고 또 다른 가능성을 상상하는 사람

2014년의 가장 대표적인 프로그램은 〈공간실험무대〉였다. 기성의 예술공간에서 벗어나 새로운 시도를 해 보고 싶은 예술가들과 함께 서울월드컵경기장의 숨은 공간을 발굴하고, 그곳에서 예술작품을 선보이는 작업이었다. 연중 개방일이 40여 일에 그치는 거대한 공공체육시설을 예술가들이 한시적으로 소유하게 되는 것이다. 〈공간실험무대〉 기간 동안 관객들은 평소 허가되지 않은 이 공간들을 방문할 수 있을 뿐만 아니라 공간의 특성을 활용한 공연예술작품을 관람할 수 있었다

우리는 이 작업을 '예술정복 프로젝트'라 불렀고, 창작자들의 펀딩 플랫폼인 텀블벅을 통해 프로젝트를 스토리텔링하고 티켓을 판매하기도 했다. 거대한 공간에 부여된 기존의 의미를 해체하고 재정의하는 작업은 짜릿했다. 하루에 몇 번이고 광활한 축구경기장을 돌며 공간을 탐색했으며, 새로운 풍경을 상상했다. 축제가 열린 그 여름, 전혀 다른 시공간이 열렸고 우리는 그사이를 자유롭게 누비며 특별한 작업을 함께 하고 있다는 연대감을 느꼈다.

하나의 주제 아래 다양한 에너지들이 공존하는 풍경이 좋았다.

완전히 다르게 느껴지는 것들을 하나의 맥락으로 엮는 일에 매력을 느꼈다.

이렇게 스스로에게 질문하며 대충 뭉쳐 두었던 기억들을 세세히 살펴보기 시작하니, 그 시간들 속에는 '나'에 대한 수많은 단서들이 있었다. 스스로도 눈치채지 못했던 나의 캐릭터가 있었다. 그러고 보면 그 전까지는 '좋아하는 일을 찾는 것'만 생각했는데, 정말 좋아하는 일을 하면서 오히려 '잘하는 것'도, '못하는 것'도 더욱 뾰족해졌던 것 같다.

그리고 지금도 본질적으로 같은 일을 하고 있다는 사실을 깨달았을 때는 피식 웃음이 나왔다. '뭐야, 나, 생각보다 무지 일관된 사람이었잖아?' 7년이 흐른 지금, 나는 여전히 '본질을 정확하게 이해하고 정리하는 사람'이자 '새롭게 이름 붙이고 의미를 부여하는 사람', '다양한 주체를 연결하고 또 다른 가능성을 상상하는 사람'으로 일하고 있다. 앞으로 또 어떤 일을 하게 될지 모르지만, 아마도 이 캐릭터만큼은 계속 가져가게 되지 않을까? 그때의 나와 지금의 내가 이어진다는 점이 재미있었다.

떠나 왔다고 해서, 만족할 만한 결과물이 없었다고 해서, 그저 그런 경험은 없다. 결국 중요한 건 초점을 '나'에게 맞추는 것. 일의 환경이나 이름은 계속해서 바뀔 수 있지만 나의 본질은 크게 변하지 않기에, 결국 직무나 직장의 이름보다 중요한 건 나만의 캐릭터를 아는 것이라는 생각을 해본다.

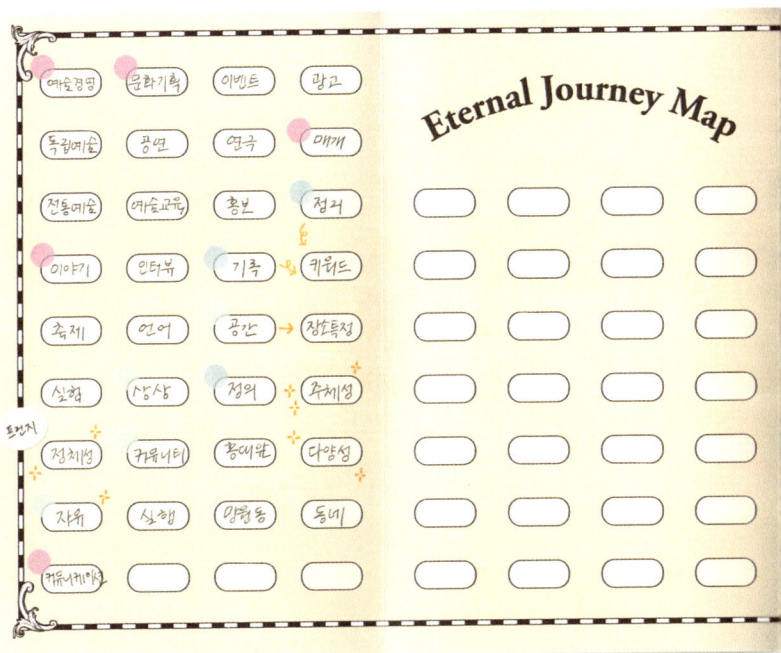

프린지에서 발견한 내 키워드를 기록해 봤다.

점이 선이 되는 경험

나의 두 번째 직업은 PR 컨설턴트였다. 당시 일했던 프레인글로벌은 과거에 지원했다가 떨어진 회사이기도 했다. 그곳에 지원했다는 사실조차 잊고 있던 어느 날, 갑자기 모르는 번호로 전화가 걸려왔다. 팀에서 인력을 충원하려고 하는데 내가 떠올라서 연락했다고 했다. 그 당시 내가 했던 프레젠테이션이 재미있어 기억에 남았다는 것이다.

브랜드 커뮤니케이션에 대한 전문성을 연마하고 싶다는 생각으로 이직을 결심했다. 그런데 뜻밖에도 회사에서는 내가 예술경영을 공부했던 경험과 문화예술 콘텐츠를 기획해온 역량을 높이 평가해주었다. 자연스럽게 문화예술 관련 프로젝트를 주로 맡게 되었다. 이전과는 다른 맥락으로 예술을 바라보며 새로운 일을 시도해볼 기회였다.

가장 기억에 남는 프로젝트는 모 대형쇼핑몰의 연간 이벤트 프로모션 프로젝트다. 쇼핑몰을 다양한 문화를 경험할 수 있는 복합 문화공간으로 브랜딩하는 것이 당시의 미션이었다. 나는 시즌별로 브랜드 스토리 테마를 짜고, 테마별로 다양한 장르의 문화예술 콘텐츠를 기획하고 큐레이션하는 일을 했다.

예술계에서 쌓았던 경험이 빛을 발한 프로젝트였다. '점이 선이 된다'는 말의 의미를 실감했다. 전혀 다른 영역이라고 생각했는데, 개성 강하고 복잡한 예술축제의 본질을 이해하고 커뮤니케이션 해본 일과, 브랜딩 메시지를 기획하고 전달하는 일이 다르지 않다는 것이 신기했다. 서울월드컵경기장이라는 거대한 공간을 예술공간으로 바꿔본 경험이 내게 공간을 보는 상상력을 길러줬다는 것을 깨달았다. 독립영화, 일러스트레이터, 문화예술 스타트업, 연극연출가, 전통예술가, 뮤지션, 설치예술가, 거리예술가 등 오히려 프린지에서보다 다양한 예술가들과 교류하게 되었다.

예술가의 창작을 있는 그대로 지원했던 이전의 기획과는 달리, 브랜드 관점의 콘텐츠를 함께 만들어 가야 하는 작업은 더 세심한 조율이 필요했다. 예술가와 함께 하는 작업이지만, 예술가의 작업을 지원하는 개념이 아니었기 때문에, 예술가와 기업 모두가 만족할 만한 결과물을 도출해 내는 것이 중요했다. 예술가와 기업가는 아주 다른 특성을 가졌기 때문에 번역가처럼 양쪽의 말을 서로가 이해할 수 있게 바꾸어 전달하고 조율하는 매개 작업이 내 업무의 상당 부분을 차지하게 되었다.

일을 하다 보니 점점 나만의 매개 기술이 생겨났다. 첫 번째 기

이곳에서 매주 주말을 보냈다. 사람들이 모여드는 모습을 보는 게 큰 낙이었다.

술은 '파헤치기'다. 나는 협업하고자 하는 예술가의 성향이나 평소 작업하는 방식, 이전의 진행 사례들을 전부 꼼꼼하게 살펴보고 이들의 특성을 파악하는 일에 에너지를 많이 쓰는 편이었다. 그리고 프로젝트 기획 및 협업 제안 시 해당 프로젝트의 방향이 예술가의 작업 방향과도 일치하도록 설계했다. 내가 진심으로 좋아할 수 있는 파트너와 서로 재미를 느끼며 유쾌하게 일을 하고 싶었기에 선택한 방식이었다. 예술가들 또한 자신의 작업을 잘 이해하고 지지하는 사람일수록 더욱 열린 태도로 협업을 하는 경향이 있었다.

두 번째 기술은 '번역'이다. 같은 내용이라 할지라도 예술가에게는 프로젝트의 의미나 방향성을 중심에 두고 커뮤니케이션했고, 기업 대상으로는 기대효과 및 성과 중심으로 언어를 바꾸어 설득했다. 기업 내 담당자와 신뢰 관계를 형성하는 것도 중요하게 생각한 부분이었다. 처음에는 불안해하며 작은 것까지 세세하게 체크하던 담당자도 예술 콘텐츠를 자주 경험할수록 믿고 진행하는 경우가 많았다.

그렇게 일 년이 넘는 시간 동안 매주 다양한 콘텐츠를 기획하고 실행했다. 일은 고되었지만, 내 기획으로 공간이 변화해가는 과정을 보는 감각은 특별했다. 내가 좋아하는 예술을 일상의 영역에서 소개하며 또 다른 접점을 마련했다는 것이 뿌듯했고, 예술의 새로운 가능성을 만드는 역할을 하고 있다는 생각에 자부심을 느꼈다. 예상치 못한 확장이었다.

그렇게 기존의 점을 선으로 만들어봤다면, 새로운 점을 찍어볼 기회들도 생겨났다. 브랜딩 전략, 네이밍, 슬로건, SNS 콘텐츠, 브랜드 매거진, 보도자료, 광고, 프로모션, 전시… 프레인에 있었던 4년 동안 여러 파트너사와 브랜드 커뮤니케이션 프로젝트를 진행했다. 팀원들끼리는 '어떻게 몇 년째 똑같은 일이 하나도 없지?' 농담할 정도로 일의 종류도 다양했다. 그 당시에는 밀려오는 업무들을 해결하기 바빴고 내가 지금 하는 경험들이 또 어디로 이어질지 알 수 없어 답답하기도 했는데, 프레인에서의 경험들은 이후 또 다른 선이 되어 주었다. '버리는 경험은 하나도 없다'는 흔한 말은 진짜였다.

'전문적으로 커뮤니케이션을 하고 싶다'는 마음으로 들어간 회사였지만, 그곳에서 배울 수 있는 건 단순히 커뮤니케이션 기술만은 아니었다. 사소해 보이는 미팅 리포트나 예산서 양식까지도 결국 누군가의 기획 결과물이고, 다 배울 점이었다. 개인이나 작은 조직에서는 경험해보기 어려운 비즈니스를 운영해본 경험, 큰 규모의 예산을 짜고 집행해본 경험, 일의 A부터 Z까지 촘촘하게 기획하고 꼼꼼하게 챙겨본 경험, 망해서 울어본 경험, 다양한 협업 파트너들과 소통해본 경험…. 경험은 몸에 새겨져 필요한 순간에 지금도 나를 도와주고 있다.

모호하고 혼란스러워 보이는 지금도, 나는 분명 어떤 점을 찍고 있겠지? 점이 언제 선이 될지, 어떤 모양의 선이 될지는 알 수 없지만!

나의 키워드 수집하기

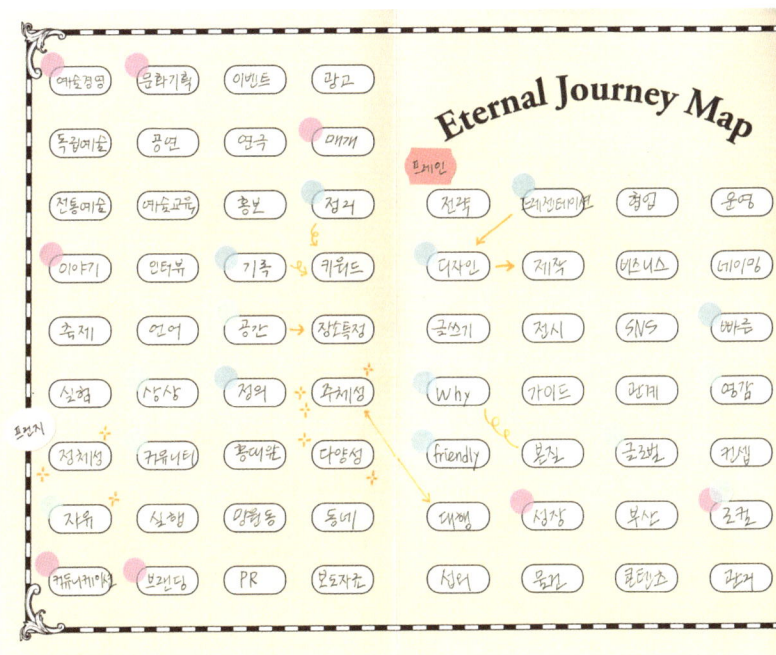

프레인에서 찾은 키워드를 추가해 봤다. 꽤 많아졌다!

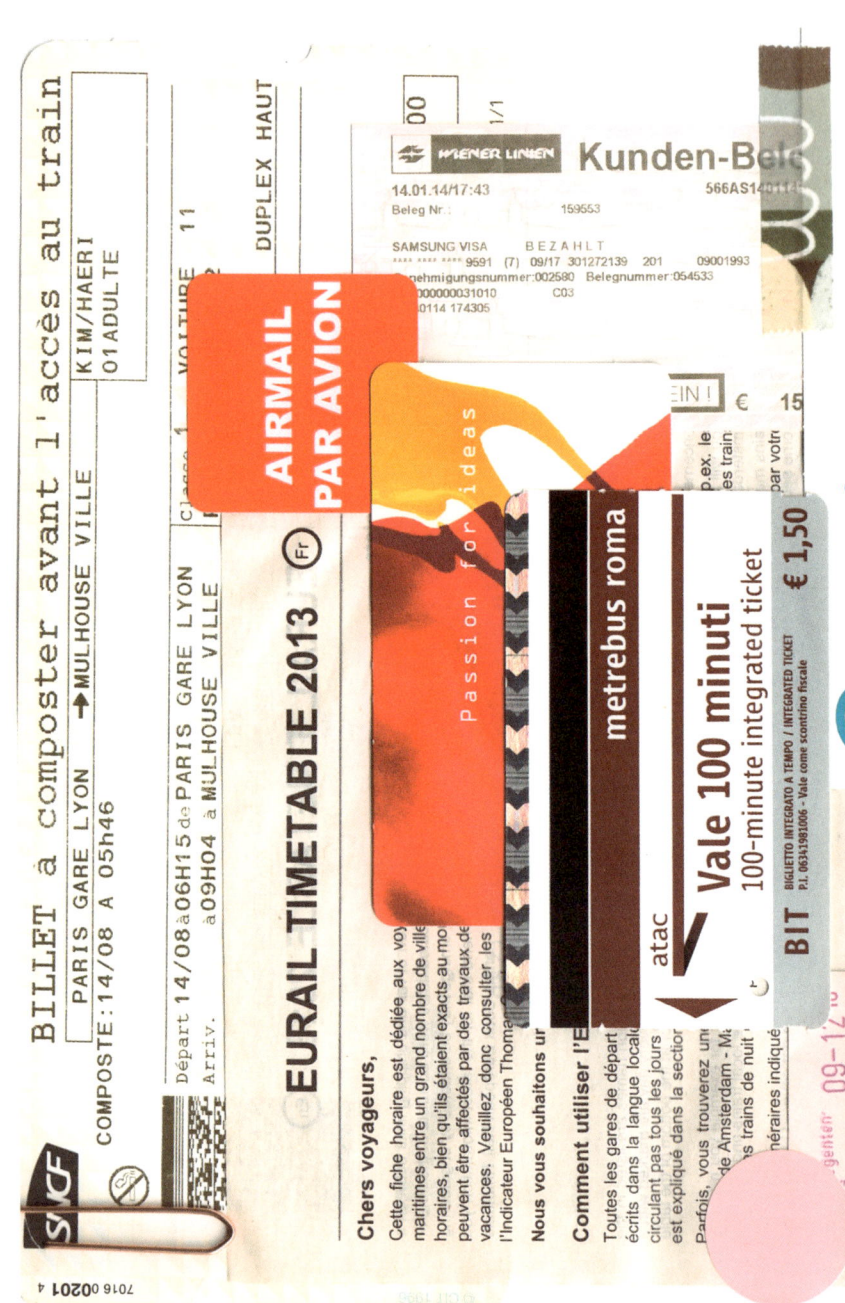

여기 저기 넘나들며 일한 지난 경험의 흔적을 여행의 조각과 함께 꼴라쥬를 해보았다.

이렇게 해보니까 꼬불꼬불한 방황도 그저 즐거운 여행처럼 느껴진다.

사람들이 나를 찾는 순간

나에 대한 힌트는 내 안에서만 찾는 것이 아니라 바깥에서도 찾을 수 있다. 나 역시 주변 사람들의 말에서 나를 새롭게 발견할 때가 많았다. 모두 나의 사회적 이름과는 다른 요구들이었기에, 그 당시에는 그것을 일로 만들 생각은 전혀 하지 못했지만.

"김해리 디자이너! 이것 좀 봐줘."

회사에서 내 별명은 '디자이너'였다. 나는 유독 디자인에 집착하는 사원이었다. 그래서일까. 프레젠테이션 정리, 디자인 컨셉 개발, 굿즈 제작 업무에서 나를 찾는 사람들이 많았다. 인쇄소를 돌며 수집한 종이 샘플들은 우리 팀의 보물이었다. 덕분에 초대장이나 배너처럼 비교적 평범한 것부터 고깔모자나 메달, 업사이클링 파우

치와 같은, '이걸 어떻게 만들어?' 싶은 특이한 것까지 별별 물건들을 다 제작해봤던 것 같다.

'나는 기획자인데, 디자이너라니. 이래도 되는 걸까.' 이 별명이 불만일 때도 있었다. 내 업무도 많은데, 나와는 상관없는 다른 팀의 업무까지 넘어올 때면 더 그랬다. 하지만, 부정할 수 없이 나는 이 일을 잘하고 좋아했다.

"헤리야, 나 자기소개서 쓰는 것 좀 도와줘."

이상하게도 어렸을 때부터 친구들의 자기소개서를 대신 써 주는 일이 많았다. 그리고 그럴 때마다 사람들을 울리는 재주가 있었다. '내가 본 너는 이런 일을 너무 잘 하거든. 그리고 이 때 네가 했던 경험은 이런 면에서 정말 의미가 있는 것 같은데, 이렇게 써보면 어때?'라고 정리를 해 나갈 때면 상대방은 꼭 눈시울을 붉히며 고개를 숙이곤 했다. 스스로도 발견하지 못하던 자신의 가치를 내가 발견해 주었다고 했다.

'울리기'뿐 아니라 '웃기기'도 잘했다. 프로젝트를 마감하고 조금 한가하던 어느 날, 심심해서 팀원들의 캐릭터를 살려 그림을 그리기 시작했다. '껌 있으신 분', '이상해요'… 그림 옆에는 말풍선을 그리고 각자가 자주 하는 말도 써 넣었다. 별생각 없이 그린 그림이었는데, 그림을 본 팀원들이 배를 잡고 웃기 시작했다. 다들 자기가 그려진 그림으로 프로필 사진을 바꿨다. 그날은 종일 웃느라 정신이 없었다. 내가 다른 사람들의 고유성을 잘 알아본다는 걸 알았다.

"해리야, 지금 시간 돼? 나 고민이 있어."

나는 고민 상담의 선수이기도 했다. 친구들은 고민이 생기면 늘 나에게 연락을 했다. 나는 가만히 그 이야기를 듣다가 '그러니까 네 얘기는 이렇다는 거지?', '그렇다면 네 마음은 이런 게 아닐까?'라고 이야기를 분석하고 정리하는 일을 잘했다. 친구들은 "야, 너 무서워! 어떻게 나도 모르는 내 마음을 알았어? 바로 그거야! 넌 천재야!"라며 칭찬해 주었다. 생각이 정리가 안 될 때, 나와 대화를 하면 말끔하게 정리가 잘 된다고 했다.

"너는 이야기가 있는 곳만 다니잖아."

친구의 이 말을 듣고 내가 '스토리'를 중요하게 생각한다는 걸 알았다. 그러고 보니 나는 누구보다 까다로운 기준으로 콘텐츠를 고르는 사람이었다. "여기는 말이야, 이런 사람이 이런 사연으로… 너무 재미있지 않니?" 친구들과 놀러 갈 때마다 나는 자연스럽게 스토리텔러가 되곤 했다.

"너 이런 거 너무 잘하는데, 직업으로 해보면 어때?"라고 말하는 사람들이 많았지만 그럴 때마다 "이게 어떻게 직업이 돼?"라며 웃어넘겼다. 일단 이 일들에 어떤 이름을 붙여야 할지도 몰랐다. 디자이너? 이건 좀 아닌 것 같고, 자기소개서 컨설턴트? 고민 상담가? 콘텐츠 큐레이터? 그러다 결국 '에이, 이런 건 좋아하는 사람들에게

나 해주는 취미지, 뭐' 하고 말았다. 시간이 지나면서, 내가 스스로 일이라고 생각하지 않았지만 사람들이 나를 찾던 순간들은 자연스럽게 나의 키워드가 되어 주었고 나만의 일로 발전했다.

요즘 나는 '자기다움'을 발견하고 명확한 언어로 정리하는 일, 누군가의 비즈니스 고민과 이야기를 듣고 함께 해결하는 일을 하고 있다. 이 책만 해도 하나부터 열까지 내가 디자인한 것이다. 심지어 '스토리'라는 키워드로 창업까지 했다!

그런 것을 보면 때로는 내가 나를 바라보는 관점에도 편견이 있는 것 같다. 내 가능성을 '에이' 하면서 스스로 제한하지 않는 것도 참 중요하다.

내 삶의 동력 찾기

회사에 다니면서도 '주체적으로 무언가를 만들며 살고 싶다'는 욕망은 계속해서 있었다. 그래서 계속해서 마음 맞는 이들과 이상한 일들을 사부작사부작 꾸미며 지냈다. 지금 와서는 '사이드 프로젝트'라는 말이 생겼지만, 그때는 그런 활동을 뭐라고 불러야 할지도 몰랐다.

그중 가장 기억에 남는 것은 연말에 우리 집에서 열었던 〈방구석 페스티벌〉이다. '손가락으로 레드카펫 걷기', '불 끄고 인형극 보기', '그림책 컬렉션 전시 보기', '쪽지 뽑기로 시 낭독하기' 같은 엉뚱한 프로그램들을 집에서 했는데 정말 웃기고 재미있었다. 내 삶에는 계속해서 이런 순간들이 있었으면 좋겠다고 생각했다. 작은 한옥에서 연극을 하고, 텐트를 펼쳐 놓고 낭독극을 하면서, 공연을 만드는 일도 어떻게든 틈을 내 이어갔다.

극단 문과 함께 한 〈노래의 힘〉 공연 현장, 한옥 마루에 놓인 소품들이 귀엽다.

최근 내 삶에 꽤나 만족하면서 살고 있다. 오늘은 일요일양에도 불구하고 출근을 하고 야근을 했다. 새벽 한 시가 넘어 집으로 돌아오는 택시 안에서 졸다 깨다 하며 이런저런 생각을 했다. 이 라이프 스타일이 딱히 건강하지는 않은 듯한데, 이걸 견디게 하는 힘은 뭘까. 거칠게 말해보자면 나의 삶에서 이것만이 전부는 아니라는 느낌이 아닐까 싶다. 최근 나는 나를 여러 조각으로 쪼개어 사용한다. 회사 일에 조금, 공연 일에 조금, 작은 축제 기획에 조금, 학교에 조금.

다른 사람은 어떨지 모르겠지만 나라는 인간은 이러한 방식이 잘 맞는 것 같다. 각각의 일들이 상호 간에 자극을 주기도 하고, 안정을 주기도 하면서 적당히 잘 굴러간다. 물론 특정 부분에서 소홀해지기도 하지만, 그 역시도 괜찮은 것이, 나에게 이 일이 전부라면 조금 소홀해졌을 때 스트레스가 상당할 텐데 아래 봐도 완벽주의 많은 일 중 하나이다 보니 데미지가 덜하달까. 어쨌거나 이도 저도 아닌 상태가 되지는 않으려고 노력하고 있다. (2015년, 블로그에 쓴 일기)

내가 잘하는 일, 좋아하는 일, 현실적인 일들이 서로 순환하면서 시너지를 내는 그 균형감이 좋았다. 하지만 직급이 높아지면서 회사에서 해야 하는 역할이 커졌고, 부담도 점점 늘었다. 아침부터 밤까지 사무실에 있어야 하다 보니, 아무래도 창작 프로젝트에 참여하기는 어려웠다. 간간이 비평 수업도 듣고, 축제의 자원활동가로도 지원했지만, 역시나 성실하게 활동하기에는 시간이 부족했다. 퇴근하고 나면 지쳐서 아무것도 할 수 없었고, 주말이면 밀린 잠을 자기에 바빴다.

결국 나는 문화예술 일을 포기했다. '이제는 정말 관객으로만 남아야겠다'고 결심한 순간부터 시들시들 우울해졌다. 서울거리예술축제가 열리던 날, 하늘로 솟아오르는 불꽃을 보며 '한때는 나도 저 현장에 있었는데…'하며 눈물이 핑 돌았다.

　나에게 예술은 뭐였을까? 뭐였기에 이런 기분이 들까? 한 달에 공연 한 편도 보지 않게 되었는데, 내가 예술을 좋아한다고 말할 수 있을까? 아, 나는 예술을 좋아하지 않는 것 같아. 아니야, 좋아하는 것 같아. 혼란스러웠다.

시키지 않아도 하게 되는 일

 가장 좋아하던 것과 거리를 두게 된 그 시절, 나에게 위안이 되어 주었던 것은 갑작스레 시작된 '덕질'이었다. 퇴근길에 회사 근처의 빈티지 숍을 구경하는 것이 당시의 소소한 즐거움이었는데, 어느 날 가게 구석에서 머리가 헝클어진 인형을 하나 발견했다. 인형은 생각보다 비쌌지만, 이상하게 끌렸다. 몇 번이나 그 앞을 서성거리다가 큰마음 먹고 구입했다.
 집에 돌아와서 깨끗하게 씻겨주고 자세히 살펴보니 엉덩이에 웬 각인이 있었다. '1964 ⓒ IDEAL TOY' 그 각인을 단서 삼아 인형의 정체를 파헤치기 시작했다. 그러다 무한한 이야깃거리에 빠져 밤을 꼬박 새우고 말았다. 인형의 이름은 '페퍼'였다. 1960년대 초반, 미국 토이 시장에 돌풍을 일으킨 후 단종되어 버린 전설적인 브랜드, 아이디얼사의 타미 패밀리 시리즈 중 하나였다.

페퍼는 알고 보니 타미 패밀리 세계관 속, 9살짜리 동생이었다. 얼굴에 주근깨가 콕콕 찍힌 장난기 많은 꼬마 컨셉으로 출시된 인형이었다. 1960년대 초반 미국은 바야흐로 패션돌의 시대였고, 요즘의 인형옷과는 달리 디자인도 재료도 섬세한 의상에는 그 시대의 미감이 반영되어 있었다.

페퍼의 모습은 여러 변화를 거쳤다. 가장 기본이 되는 베이직 페퍼(Basic Pepper)에서 시작해 포즈를 취할 수 있게 철사를 넣어 만든 포징 페퍼(Pos'n Pepper), 몸매가 날씬해진 뉴 스탠다드 페퍼(New Standard Pepper) 순서로 만들어졌다. 인형의 머리카락 색깔이나 길이가 다양하다는 점, 핸드 페인팅 방식이라 얼굴이 미묘하게 다 다르다는 점도 후대의 수집가들을 자극하는 포인트다.

그때부터 나의 수집 생활이 시작되었다. 새벽에 알람을 맞춰 놓고 눈을 비비며 이베이에서 비딩을 했다. 곧 시들해질 줄 알았는데 몇 년이 지나도 끝나지 않았고, 사랑은 더욱더 깊어졌다. 태국의 장인에게 의뢰해 수집가용 가구를 제작하기에 이르더니, 급기야 홀로 '빈티지 여행'을 떠나기 시작했다. 전 세계 방방곡곡, 현지인밖에 없는 플리마켓을 구석구석 뒤지고 다니며 보물찾기를 하는 재미에 푹 빠져들었다.

나만의 세계가 만들어지는 느낌이 너무 재미있었다. 정말 아무런 의도도 이루고 싶은 목표도 없이, 좋아하는 마음 하나로만 한 일이었다. 그리고 어쩌면 처음으로, 그 누구도 생각하지 않고 나만을 생각하며 한 일이기도 했다.

내가 수집한 방대한 자료와 컬렉션을 정리하기 위해서 시작한 블로그에는 이웃이 자꾸만 늘었다. '이런 분은 처음이에요.' 비슷한 취미를 가진 사람들 사이에서 조금씩 알려지기 시작했다. '인형 박사님'이라고 부르며 질문을 해오는 사람들도 많아졌다.

어느 날은 '팬이에요'라는 댓글에 깜짝 놀랐고 말았다. 팬? 너무 낯선 단어였다. 아이돌이나 유명한 사람들이나 들어볼 법한 말이 아닌가? '아침에 커피 한 잔 내려 이 블로그를 보는 것이 낙'이라는 댓글을 달린 날은 정말 묘했다. 그저 즐거움만으로 시작한 일인데, 이 일이 다른 사람들에게도 행복을 줄 수 있다는 것이 신기했다. 무언가를 진심으로 좋아하는 사람의 순수하고 긍정적인 에너지는 사람들을 끌어당기는 것 같다.

생각해 보면 정말 웃기다. 아무도 시킨 사람이 없는데, 꾸벅꾸벅

졸면서도 블로그에 글을 썼다. 그 열정은 어디에서 나온 걸까? 내가 만든 이 작은 세계가 참 좋았다. 나만의 테마를 가지고 여행을 떠나고, 나만의 콘텐츠를 만들고, 그것으로 사람들과 연결되면서 부쩍 즐거워졌다. 다시금 해보고 싶은 일들이 하나씩 떠올랐다.

어느 날부터인가, 이 에너지를 취미가 아닌 삶의 영역으로 확장해 보고 싶다는 생각이 들었다. '빈티지 가게를 운영해 보면 어때?'라고 하는 사람들도 있었지만, 그게 내가 원하는 것은 아닌 것 같았다. (무엇보다, 나의 컬렉션은 아까워서 팔 수 없다.)

마켓 입구에 서면 보물찾기를 할 생각에 가슴이 두근거린다.

차도 운전할 줄 모르는 뚜벅이인데, 여기저기 참 잘도 찾아다녔다.

어느 나라든 오래된 물건과 이야기를 소중하게 여기는 사람들이 있다.

헬싱키 바닷가에서 열리던 마켓. 특유의 분위기가 너무 좋아 매일 갔었다.

파리의 방브 벼룩 시장에서 만난 인형 수집가. 취향이 비슷해 연락처를 받았다.

숙소 역시 좋아하는 것이 비슷한 호스트의 집으로!

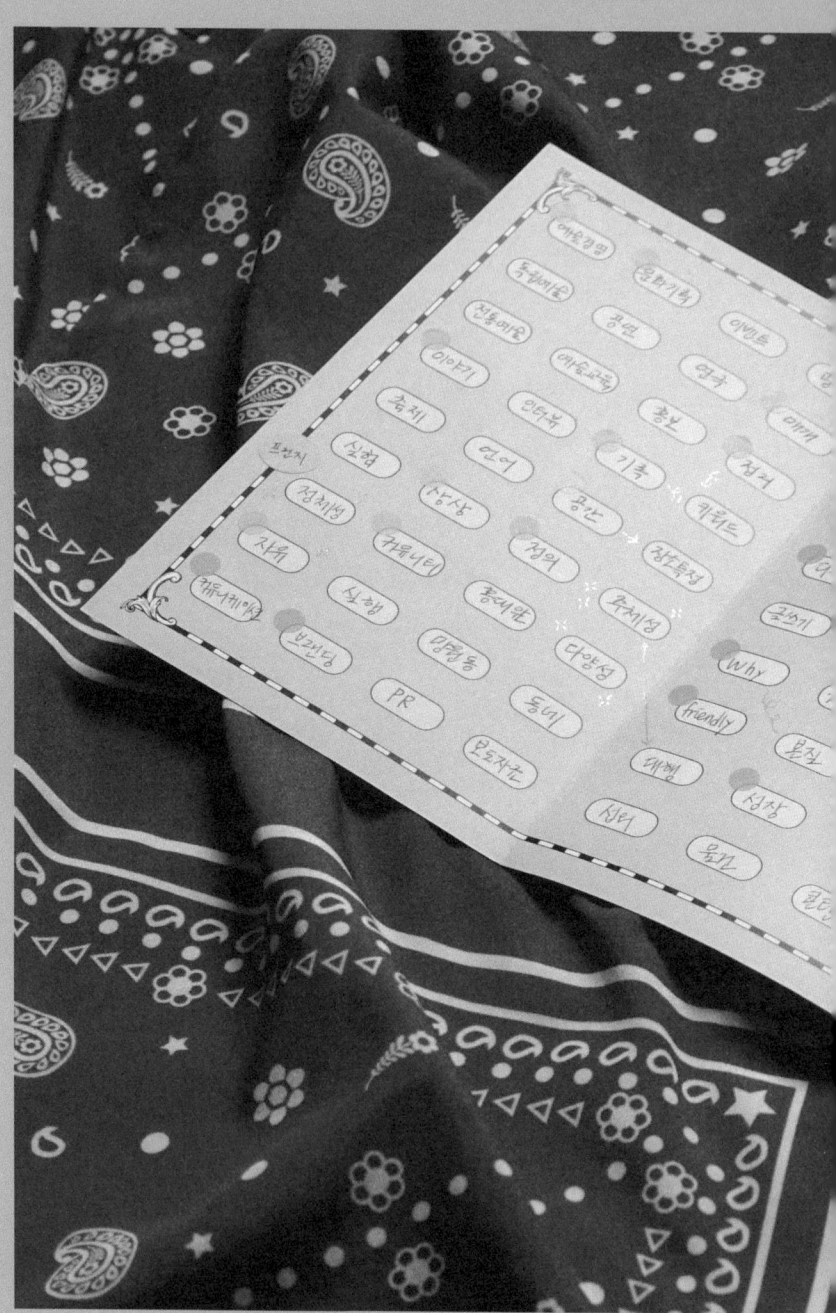

어느덧 나에 대한 키워드를 이만큼이나 수집했다.

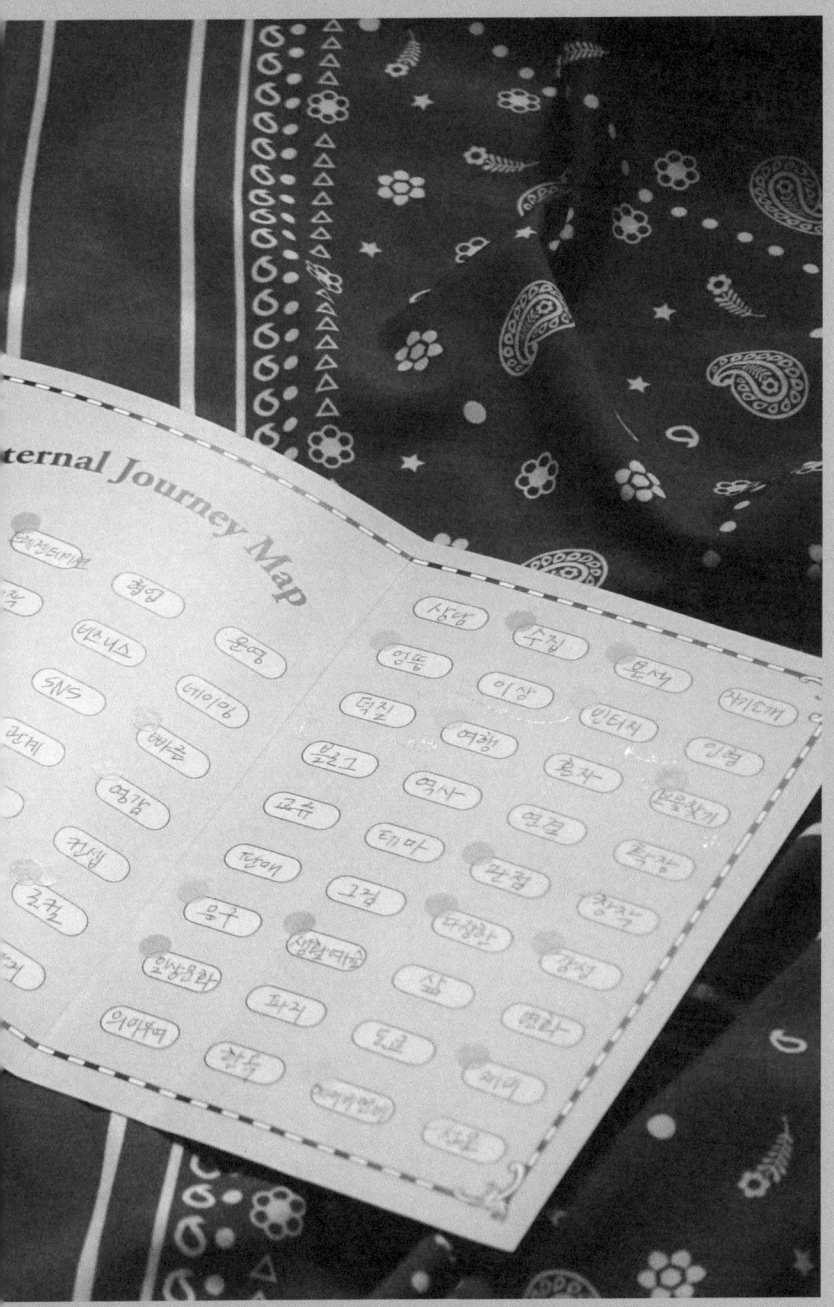

이 중에서 나를 가장 잘 나타내는 키워드는 뭘까?

# 03 나만의 일 만들기

이 장에는 조직을 떠나 '나'를 중심에 두고 일 실험을 거듭해본 시기의 이야기를 담았습니다. 현재 진행형인 이야기이기도 합니다. 지금 저는 다양한 정체성으로 일하며, 나만의 브랜드, 나만의 콘텐츠를 고민하고 있습니다. 내가 좋아하는 일을 잘하는 방식으로, 또는 잘하는 일을 좋아하는 방식으로, 오래 오래 지속하고 싶어요.

처음으로 내 일에 대한 나의 태도와 철학을 질문하기 시작한 시기이기도 해요. 누가 주는 일이 아니라, 스스로 만들어서 하는 일이 대부분인 낯선 시기거든요. 만약 비슷한 것을 고민하고 있다면, 저의 글이 작은 위로와 힌트가 되기를 바라 봅니다.

당신은 앞으로 어떤 일을 하고 싶은가요? 그 일에는 어떤 이름을 붙일 수 있을까요? 일을 대하는 당신만의 철학이 있나요? 당신은 그 일로 어떤 사람들과 연결되며 살고 싶은가요?

'그냥 백수'가 되어 배운 것

2018년 가을, 백수가 되었다. 나도 내가 이렇게 갑자기 퇴사를 결정하게 될 줄 몰랐다. 고민했던 시간은 길었는데, 선택은 순식간이었다. 퇴사를 한다고 (또는 했다고) 했을 때 사람들은 '다음에 갈 곳은 정해 놨냐'고 물었다. '잠시 쉬는 거냐'고도 물었다. 아니다. 그냥 대책 없이 그만뒀다. 나는 '그냥 백수'가 되어 보기로 했다.

간절하게 변화를 원했다. 그리고 그 변화는 누군가가 나에게 줄 수 있는 것이 아니라 내가 스스로 만들어야 하는 것이었다. 퇴직금은 일종의 교육비라 생각하고 나에게 배움이 되는 일에 다 써 주기로 결심했다. 그게 무엇이든. 의도적으로 어디에도 소속되지 않은 채, 내 삶에 창조적 충돌을 만들어 주기로 했다. 불안한 상황에 나를 놓아보고 싶었다. 그럴 때 내가 어떤 선택을 하게 될지 궁금했다. 그러니까, '삶의 여행'을 떠나 보기로 한 것이다.

백수가 된 나는 호기심을 불러일으키는 현장에는 무조건 가 보고, 평소 궁금했던 사람들을 만나고, 보고 싶었던 책을 읽고, 흥미로운 일에 끼어들며 바쁘게 돌아다니기 시작했다.

그러면서 조직이 아닌 개인으로 살아가는 사람들을 만나게 됐다. 그들은 각자 자기만의 방식으로 자신의 삶과 일을 만들어나가고 있었다. '딴짓' 혹은 '사이드 프로젝트'라는 이름으로 직장에 매이지 않고 자신이 주체가 되는 일들을 실험하고 있었다.

완전히 새로운 것을 경험해 보고 싶어서 떠난 베이징 여행에서 내게 가장 충격이 된 것 또한 이국의 풍경이나 문물이 아닌, 그곳에서 만난 사람들이었다. 퇴사한 후 1인 기업가로 활동하는 사람, 회사에 다니면서도 자신만의 콘텐츠를 만드는 일에 매진하는 사람, 세상에 없던 사업 모델을 만들어 꾸려나가고 있는 사람, 가업을 잇되 새로운 바람을 불어넣고자 고민하는 사람… 공통점은 모두 자기 일을 좋아하고 또 삶을 보다 주체적으로 살기 위해 노력하는 사람들이라는 것이었다.

사람들의 눈이 반짝였다. 그들에겐 모두 '하고 싶은 것'이 있었다. 여기에서 보고 경험한 것을 '나의 일'에 어떻게 적용해볼까 고민했다. 나는 그 옆에서 '이렇게 해보면 어때?', '저렇게 해보면 어때?' 하고 아이디어를 덧붙여 주곤 했다. 그러면서 정작 나에게는 '나의 것'이 없다는 사실이 아쉽게 느껴졌다.

내가 우물 안 개구리였음을 실감했다. 생각해 보면 항상 '직장보다는 직업'을 말하면서도 정작 어떤 직장에서 일할 것인지를 더 많이 생각했던 것 같다. 직장 안에서도 내가 내 역할을 정하려고 하기보다, 조직에 질문하고 따라 왔다는 것을 깨달았다.

'나는 누구일까?'라는 질문에 답을 할 수 없었다. 자기 소개를 하는 시간이 너무 어려웠다. 어쩌면 그동안 나는 내가 아닌, 다른 누군가의 가치를 중심에 두고 일해 왔던 건 아닐까? 정해지지 않은 길을 간다는 것이 무서워서, 책임 지는 것이 두려워서, 내가 내 삶을 마음대로 디자인할 수 있다는 생각을 하지 못해서…. 이유가 무엇이건, 이제는 바깥으로 향해 있던 시선을 내 안으로 돌려 놓아야 할 때라는 생각이 들었다.

그때부터 끈질기게 스스로에게 질문을 던지기 시작했다. 나는 왜 일할까? 나는 어떤 일을 하고 싶을까? 나는 어떤 일을 좋아하고 잘할까? 아무도 보지 않고 시키지 않아도 오래도록 하고 싶은 나만의 일은 무엇일까?

(나의 주제)

친구들은 종종 나에게 여행작가를 할 생각은 없냐고 묻고는 했다. 회사를 그만두었다고 했을 때에도 그랬고, 또 혼자 훌쩍 떠날 기색이 보일 때도, 같이 여행을 계획하다가도, 그랬다. 글을 쓰는 걸 좋아하기는 하지만 여행도 좋아하지만 막상 그 두 가지를 같이 해야한다고 생각하면 어렵게 느껴졌다. 뭐든간에 목적지를 정해놓고 시작해야만 속이 시원해지는 내 성격 덕분에 더 그랬는지도. 뭔가 남들하고는 다른 나만의 색이 있는 글, 특이한 주제, 그런 게 있어야만 시작을 할 수 있을 것 같아서 그동안 못했던 것 같다. 결국 그런 완벽주의가 내 발목을 붙잡는다. 그런 거, 시작하지 않으면 평생 알 수 없을텐데.

2018년 겨울, 여행지에서 쓴 노트. '나다움'을 고민하던 시기.

작고 사소하지만, 나만의 콘텐츠

언제나 콘텐츠를 기획하는 일을 해왔지만, 내 콘텐츠를 만들어 본 경험은 많지 않았다. 그래서 '내 콘텐츠'라는 개념이 너무 어렵게 느껴졌다. 콘텐츠를 만드는 것은, 일부 사람들에게나 해당하는 것이 아닐까? 무대를 만들어온 관성이 있어서인지, 또 사람들 앞에 드러나는 것을 별로 좋아하지 않는 성향이어서 그런지, 계속해서 알쏭달쏭했다. 그런데도 마음 한구석에선 나만의 것을 만들고 싶다는 생각을 계속했던 것 같다.

거실 여행 플랫폼 '남의집 프로젝트'를 알게 되었을 때, 호스트의 취향을 매개로 형성되는 일시적이고 느슨한 커뮤니티의 개념에 흥미를 느꼈다. 그 모든 일이 개인의 집에서 벌어진다는 것이 가장 재미있었다. 호스트를 마중물로 모이지만 게스트 모두가 수용자가 아닌 발화자가 되는, 자신만의 이야기를 주체적으로 표현하는 방식

또한 매력적이었다.

남의집 프로젝트의 '문지기'를 자처하는 김성용 대표는 '뭐 이런 것까지'도 주제가 될 수 있다고 말했다. 그리고 누구나 호스트가 될 수 있다고 말했다. 그 말이 나에게 전환점이 되었다. 나는 막연하게 어떤 창조적인 결과물을 내놓는 사람은 예술가라 일컬어지는 사람들에게 국한된 행위라고 생각해왔던 것 같다. 누구든 주체가 될 수 있고 누구나 자신만의 콘텐츠를 만들 수 있다는 것이 신선하게 다가왔다.

이를 경험해 보기 위해 여러 남의집에 방문했고, 12월 말에는 우리 집 문도 열어 봤다. 무엇을 주제로 할 수 있을까 고민하다가 크리스마스 이브에 내가 수집해 왔던 오래된 장난감과 소품들을 보며 어린 시절의 추억에 관해서 이야기해 보는 〈남의집 원더랜드〉를 기획했다. 이벤트를 기획하는 일은 나에게 일상이었지만 나의 이야기가 콘텐츠가 되는 것은 처음이라 무척 긴장했다. 누가 나의 이야기를 들으러 올까 궁금했는데 크리스마스 이브임에도 불구하고 많은 참가자가 신청해 주었고, 난생 처음 보는 사람들이 내 방에 모였다. 정말 묘한 기분이었다.

나에겐 아주 뻔하고 당연한 것, 별로 특별할 것 없는 것이 다른 사람들에게는 재미있는 경험과 영감이 될 수 있다는 것이 신기했다. 내 안에 갇혀 있을 땐 보이지 않던 것이, 타인과의 관계 속에서 새롭게 발견될 수 있다는 것을 알았다.

'나에게 이런 면이 있었구나', '나는 이런 걸 잘하는구나', '나는 이런 게 중요하구나' 낯선 환경과 낯선 사람들 속에 반복적으로 놓이면서 내 캐릭터가 점점 윤곽을 드러냈다. 내가 스스로 발견할 때도 있었지만, 누군가가 대신 발견해 주거나 등을 밀어주는 때가 더 많았다.

나의 시선이 좋다고 '글로 기록해 보라'고 말해주는 사람도 있었고, (당시 나는 SNS도 잘 하지 않았다.) 내가 예술경영을 전공했다고 하니 호기심 가득한 눈빛으로 '어떤 일인지 이야기해 달라'고 말하는 사람도 있었다. 자신에겐 보이지 않던 것도 내가 설명해주면 다르게 보인다며 '비즈니스 인사이트 투어'를 해달라고 일을 부탁해 오기도 했다.

나에겐 너무 당연했던 키워드가 나만의 자산이라는 것을 인지하게 된 것도 그때부터였다. 나는 사람들이 나에게 해주는 이야기에서 힌트를 얻어 한 발짝 한 발짝 콘텐츠를 만들어나갔다. 기획자의 시선으로 서울을 걷고 영감을 수집하는 **'기획자의 서울산책'**, '나'를 중심으로 커리어를 재해석하고 나만의 포트폴리오를 만들어보는 **'시시콜콜 커리어 스토리 워크숍'**, 누구나 쉽게 기획안을 쓸 수 있도록 돕는 **'기획서를 위한 스토리텔링'**, 일의 우선순위와 시스템을 정리하는 **'티키타카 컨설팅'**과 같은 콘텐츠들이 그런 방식으로 만들어졌다.

그리고 지금 쓰고 있는 이 책도, '해리님이 자기만의 일을 만들어오는 과정에서 스스로 던졌던 질문을 저도 저에게 던져 보고 싶어요'라는 누군가의 말에서 출발했다. 그러면서 알게 됐다. 나만의 콘텐츠라는 건, 나로부터 출발하는 것이기는 하지만 온전히 나만을 생각하는 것은 아니라는 것을 말이다. 중요한 것은 그 콘텐츠를 함께 나눌 사람들을 얼굴을 구체적으로 그리는 것, 그들과 마음을 나누는 것이었다. 그 당연한 것을, 왜 몰랐을까?

내 방에서 열린 남의집 프로젝트. 처음 보는 사람들이 와서 내 방을 구경했다.

창업을 이렇게 해도 되는걸까? 아무튼, 창업

 필로스토리를 공동 창업한 자영 언니와 내가 처음 만났을 때, 우리는 각자 자신의 삶과 일을 두고 나름의 실험을 하고 있었다. 나는 퇴사 후 다양한 스타트업 및 커뮤니티 조직과 크루나 스탭, 프리랜서의 형태로 결합하며 새롭게 일하는 방식을 시도하고 있었고, 전문 프리젠터로 커리어를 쌓아온 자영 언니는 기존에 다니던 회사와 주 2일 출근 및 겸업 가능 조건으로 계약을 하고 자신만의 업을 만들어가려는 노력을 지속해오고 있었다.
 우리는 얼핏 보면 참 다른 사람이었지만 대화를 나눠보고 곧 서로 비슷한 나침반을 지니고 있다는 것을 알았다. '나만의 일을 만들고 싶다'는 욕구, 그리고 '나의 삶을 주체적으로 살아가고 싶다'는 태도가 많이 닮아 있었다. 계속해서 자신의 정체성을 스스로 무너뜨리고 그 의미를 재정의하는 사람이라는 점도 비슷했다.

프로젝트 협업 논의차 만난 자리에서, 우리는 스스로 깨닫지도 못한 채 몇 시간이고 대화를 했다. 살면서 꿈꿔 온, 언젠간 하고 싶어 했던 일들이 비슷했다. 반가움에 '나도!', '나도!' 서로 손뼉을 치고 신나 하던 중 문득 말했다.

"우리, 그냥 같이할래?"

"그럴까? 그래!"

'사업을 하고 싶다'고 생각해본 적은 없었지만 '나만의 일을 만들어 보고 싶다'는 마음은 항상 있었다. 더군다나 마음이 잘 맞는 파트너와 함께 할 수 있다니 '재미있겠다'는 생각이 먼저 들었다.

우리의 창업은 그렇게 소꿉놀이처럼, 여행처럼 시작되었다. 주변에서는 서로 잘 모르는 사이에 공동 창업을 한다는 것을, 비즈니스 모델이 명확하지 않다는 것을 걱정했다. 우리만 해맑았던 것 같다. '같이 하자!'고 일을 저지른 다음 날, 언니가 오아시스의 '더 마스터플랜(the Masterplan)'이라는 노래를 보내왔다.

Say it loud and sing it proud today
and then dance if you want to dance
… Life on the other hand won't make us understand
We're all part of the masterplan

크게 소리치고 오늘을 자랑스럽게 노래해
춤추고 싶으면 춤을 춰
… 삶이라는 건 우리를 이해 시켜 주지 않아

어차피 우리는 모두 거대한 계획의 일부일 뿐이야

"해리야, 우리 영화 한 편 찍어보자!" 마음껏 춤춰보자고, 어차피 우리는 마스터플랜(Masterplan)의 일부일 뿐이라는 유쾌한 목소리에 나는 또 다시 새로운 일 실험을 해보기로 했다.

우리의 가장 큰 공통점은 '이야기'를 좋아한다는 것이었다. 각자의 영역에서 이야기를 만드는 일을 해 오던 우리는 '다소 모호하게 느껴지는 이야기의 개념을 이론화하고 체계화해보자'는 마음으로 사업을 시작하게 되었다. 누구나 자신의 이야기를 정리하고 표현할 수 있는 도구 '스토리 툴킷'을 런칭했고, 연남동에서 어반플레이와 함께 스토리텔러들의 창작·교류공간 '기록상점'을 오픈했으며, 여러 지역을 오가며 스토리 워크숍을 진행하고, 브랜드 스토리 개발 서비스를 기획하며 우리만의 방식으로 일을 만들고 있다.

우리는 함께 사업을 하고 있지만, 여전히 개인의 캐릭터를 유지하며 겸업을 하고 있다. 우리의 이런 협업 방식에 처음에는 이런 저런 조언도 질문도 많이 받았던 것 같다. '진짜 이렇게 해도 되는걸까?' 덩달아 헷갈리기도 했다. 우리도 로켓처럼 성장해야 하는 걸까? 다른 것은 모두 포기하고 이 일에 '올인'해야 하는 걸까? 사업이란 그런걸까?

하지만 이제는 안다. 그런 질문들은 새롭고 모호한 것 앞에서 자주 등장한다는 것을. 어떤 종류의 질문은 굳이 대답하려 애쓸 필요 없다는 것을. 그저 우리가 하고 싶었던 것을 꾸준히 하면서 자연스럽게 쌓여가는 시간으로 우리의 색깔을 보여주면 그만이다. 세상을 살아가는 방식에 정답은 없으니까.

이제 와서 생각해보면 필로스토리의 시작점부터가 좀 독특했다. '돈을 많이 벌고 싶다'는 마음보다는, 뜻이 맞는 누군가와 함께 지속가능한 방식의 일하기를 만들어 보고 싶었는지도 모른다. 내가 필로스토리를 운영하면서 가장 좋아하는 점 역시, 믿고 함께 할 수 있는 동료를 얻었다는 것이다.

우리는 기존에 없는 일을, 사례가 없는 프로젝트를, 경험해보지 않은 협업 체계를 끊임없이 상상하며 하나씩 만들어 나가고 있다. '창업'이라는 단어는 일(業)을 창조한다는 의미를 담고 있다. 기존에 일하던 방식을 재편하고 새롭게 구성하는 일, 세상에 없던 종류의 서비스나 제품을 만들어내는 일이라는 점에서 창업은 본질적으로 '창작'이라는 생각을 해본다.

우리가 함께 만든 공간, 기록상점

필로스토리의 도구, 스토리 툴킷을 만들어 우리만의 방식으로 일을 한다.

내 안의 목소리를 들어주는 일

"해리야, 넌 요즘 욕망이 뭐야?"

새해 계획을 세우려고 만난 날, 자영 언니가 천연한 얼굴로 물었다. 욕망? 욕망이라고? 한 번도 생각해본 적 없는 단어였다. 그날, 나는 그 질문에 대답하지 못했다. 나만 이런가 싶어 그날부터 만나는 사람들마다 '너는 욕망이 뭐야?'를 묻고 다녔다. 그러고 보니 자영 언니만 해도, 주 2일은 회사에 출근해 프리젠터로 일하면서 나머지 시간에는 필로스토리의 공동대표이자 크리에이터, 유튜버, MC, 모더레이터, 강사, 작가 등 다양한 이름으로 활동하고 있었다.

"해리야, 넌 하고 싶은 게 뭐야? 뭘 하고 싶어?"

언니는 자주 질문하는 사람이었다. 처음 그 질문을 받았을 때는 얼굴이 뜨거워졌다. 그러고 보니 어렸을 때부터 하고 싶은 것을 입 밖으로 꺼내 말해본 적이 없었다. 내 마음의 방향을 잘 모르고 있다는 사실이 부끄러웠다. 그러나 언니의 질문은 정답을 듣기 위한 것이 아니었다.

내가 바라본 자영 언니는 자기 마음의 목소리를 잘 들을 줄 아는 사람이었다. '내가 세상의 흐름에 휩쓸려 가고 있지는 않나', '바깥의 목소리에 지나치게 영향받고 있지는 않나', 힘차게 달려가다가도 주기적으로 멈추어 자신을 바라볼 줄 알았다. 그러니까 그건 스스로 보내는 점검의 질문에 가까웠다. 그 질문에 있어서 중요한 건 세상의 질문에 정답을 내리려고 애쓰는 것이 아니라, 내게 중요한 질문이 무엇인지 스스로 발견하는 것, 나만의 답을 찾아 나가는 태도라는 생각이 들었다.

'자신의 인생을 디자인하고 만들어나간다는 의미에서 모두가 자기 인생의 크리에이터'다. 「퇴사는 여행」이라는 책을 독립 출판한 혜윤 언니가 책 속에서 한 말이다. 요즘 혜윤 언니는 프리랜서 마케터로 자유롭게 일하면서 다능인을 위한 커뮤니티 '사이드' 운영, 영상 콘텐츠 제작, 디제잉, 「독립은 여행」 출판 등 다양한 활동을 이어가고 있다. 언니를 닮은 집 '융지트'는 또 얼마나 사랑스러운지!

편견 없는 태도로 자신의 이야기를 솔직하게 꺼내 보이는 언니에게서 나는 내가 내 삶의 주인공임을 믿는 태도를, 다른 사람의 이야기가 아닌 내 이야기를 들어주는 것의 힘을 배웠다. 늘 활기차 보이는 언니에게도 '두려움'이 있었다는 사실이 반가웠고, '방황해도 괜찮다'는 메시지 앞에서는 그만 울어 버렸다.

만날 때마다 맑은 얼굴로 "해리야, 너 너무 잘하고 있어. 걱정하지 마. 우리 하고 싶은 거 다 하자!"라고 말해주는 언니에게 언제나

혜윤 언니의 '융지트'에서 자영 언니와 나, 소중한 친구 민재.

큰 용기를 얻는다는 걸, 언니는 알까.

그렇게 매일 만나거나 교류하지 않아도, 연결되어 있는 기분이 드는 사람들이 있다. 예술경영 선배로 만났던 신소영 셰프도 그중 하나다. 서른이 넘은 나이에 스페인으로 훌쩍 떠나더니 요리사가 되어 돌아온 사람. 동그랗게 휘어지는 눈웃음이 인상적인 그녀는 보통의 요리사와는 조금 다른 행보를 보였다. 팝업 키친과 마켓을 기반으로 느슨하게 활동했고 우리 곁의 재료와 생산자, 음식 너머의 이야기를 전하는 작업을 펼쳤다. 대화하는 요리 모임을 운영하고, 영화 속의 음식을 만들고, 농부들의 시장 마르쉐에서 제철 재료로 창작 요리를 하는 모습이 신선했다.

신소영 셰프의 속도는 그리 빠르지 않았다. 그러나 꾸준하고 단단했다. 자기만의 철학으로 자기만의 브랜드를 만들고 스스로와 한 약속을 지키는 모습이 너무 멋있었다. 처음엔 예술을 하다가 요리를 하게 된 그녀가 완전히 다른 세계로 넘어갔다고 생각했다. 그러나 곧, 본질적으로 같은 일을 하고 있다고 느끼게 됐다. 자신이 가치 있다고 생각하는 것을 실천하며 사는 것, 자신의 삶을 원하는 방향으로 만들어나가는 태도가 예술적으로 느껴졌다.

그러면서 내가 '욕망'이라는 단어를 너무 무겁게 생각했다는 걸 깨달았다. '이뤄야 하는 것'이 아닌 '해보고 싶은 것'으로 치환해서 생각해보니 정말 많았다. 예술 창작도 하고 싶고, 얽매이지 않고 여기저기를 오가면서 일하고 싶고, 내 색깔이 묻어 있는 브랜드를 키워 보고 싶고, 나만의 공간도 만들어 보고 싶고, 독립출판도 해 보고 싶고, 외국의 언어를 공부하고 싶고, 해외에 우리 콘텐츠를 소개하는 일도 해보고 싶다. 나만의 전문성으로 사회적 인정도 받고 싶고, 믿고 의지할 수 있는 동료들과 즐겁게 일하고 싶고, 돈도 많이 벌고 싶다.

나는 아주 다양한 욕망을 가진 사람이었다. 물론 살면서 그 욕망을 모두 충족시킬 수는 없을 것이다. 하지만 굳이 외면하거나 무시할 필요도, 타인의 시선으로 재단할 필요도 없지 않을까? 내 욕망을 솔직하게 바라봐 주고 나니, 내 안의 목소리를 더 잘 듣고 싶어졌다. 다행히 우리가 만든 회사, 필로스토리는 개인의 욕망과 색깔을 충분히 존중해주는 조직이었다.

나는 여러 개의 일을 동시에 하면서 나만의 균형을 찾아 나가기 시작했다. 이쪽에서 해소되지 않은 욕망은 저쪽에서 풀고, 저쪽에서 해소되지 않은 욕망은 이쪽에서 풀었다. 그동안 생각해 보지 못했던 일의 방식이었다. '일'이라는 건 누군가가 주는 것, 수많은 선택지 중 하나만 골라야 하는 것이라고 생각하기 쉽다. 그러나 어떤 일은 세상에 없는 일일 수도 있고, 내가 만들어서 할 수도 있고, 동시에 여러 가지 정체성으로 살아갈 수 있다. 그렇게 생각하니 새로운 전환점이 찾아온 기분이었다.

신소영 셰프와 함께 한 프로젝트 '그레잇테이블' 현장. 양평 봉금의 뜰에서.

막간해리툰 — "일단은 마감!"

동양가배관의 패키지 디자인을 바꾸기로 했다. 시작은 제품 라인업을 통일감 있게 정리하고 싶었던 것뿐인데 해도 해도 진전이 없었다. 사소한 디테일 차이로 아웅다웅 하던 어느날,

마침 연남동 주민이자 티&라이프스타일 브랜드
맥파이앤타이거를 훌륭하게 운영하고 계시는 만기님과
세미님이 오셔서, 조언을 요청했다.

늘 싱글벙글 온화한 얼굴의 안기님이 단호한 표정으로 이야기하셨다. 부족한 게 보이더라도 일단은 '마감'을 해보는 것이 중요하고 그 뒤로 계속 발전시켜 나가는 것이 더 중요하다는 말이었다.

그리고는 지금 매우 잘하고 있는
브랜드의 첫 시작점이 생각만큼 완벽하지
않다는 것에 모두 함께 안심하는
시간을 가졌다고 한다 〜 ☆

성장의 비결은 결과가 아닌 과정에 있다

 시간은 빠르게 흘렀다. 내 일은 더 다양해지고 복잡해졌다. 하루에도 몇 번씩 정체성을 갈아입는 느낌이었다. 나를 수식하는 말도 많아졌다. 필로스토리 공동대표, 동양가배관 브랜딩 디렉터, 공연 프로듀서, 문화기획자, 콘텐츠 크리에이터, 커뮤니티 매니저, 생활문화 활동가…. 으아! 너무 헷갈렸다. 난 누구지? 분명히 내가 벌린 일이 맞긴 한데 내가 이걸 왜 하고 있더라?
 그렇게 많은 역할을 동시에 우당탕탕 해내다 보니 당연히 일의 구멍도 아쉬운 점도 많아졌다. 누군가는 자신의 분야에서 전문성을 확실히 쌓아나가는 것 같은데 '내 일의 본질은 뭘까' 희미하게 느껴져 또 마음이 조급해졌다. 이렇게 하다가 5년 뒤에 나는 어떤 모습이 되어 있을까? 10년 뒤에는 무엇을 하고 있을까? 그런 생각을 하던 어느 날, 내가 나의 '오늘'을 제대로 바라보지 않고 있다는 생각이 들었다.

어쩌면 나는 지금 이 순간을 '실험'의 기간이라 명명하면서, 나의 지금을 현실이 아닌 '스쳐 지나가는 과정'이라 말하면서 사실은 외면해온 것이 아닐까? '이건 내 진짜가 아니야', '나는 원래 이런 사람이 아니야', '지금은 실험 중이니까, 이 과정을 거쳐서 언젠가 나의 진짜를 할 거야'라는 안일한 마음 말이다. 부족한 나를 받아들이고 싶지 않은 어설픈 완벽주의 때문인지도 모른다.

결과에 지나치게 얽매이는 태도는 현재를 바라보지 못하게 한다. 나는 그것을 알고 있음에도 자꾸만 잊는다. 그래서 다시 마음을 다잡았다. 너무 먼 미래를 바라보며 초조해하기보다, 지금 내가 하는 일들 하나하나를 바라보기로, 그 과정들을 진지하게 대해 주기로 결심했다. 그 순간들이 쌓여서 나의 일이 만들어질 테니까.

나의 내일은 그저 수많은 '지금'들의 누적이라는, 그러니 지금 이 순간을 조금 더 소중하게 대할 필요가 있다는 생각이 들었다. 어떤 이야기는 그 순간에만 할 수 있다. 이야기는 맥락에 따라 쉴 새 없이 변화하는 생명력이 있는 존재다. 그 순간에만, 내가 현재 놓여 있는 지금 이 상황에서만 할 수 있는 이야기가 분명 있다. 지나고 나면 그 순간의 감각과 감정을 스스로 잊을 뿐 아니라 어쩐지 꺼내놓기 어색한 상황이 되어 버리기도 한다. 신입사원의 긴장감, 인생의 전환점에서 겪는 불안감, 아무도 모르지만 나 혼자 세웠던 목표를 달성했을 때의 성취감, 그 모든 감정은 그 순간에 가장 생생하게 쓸 수 있다.

내 눈앞의 일들을 어떤 태도로 해나갈 것인가, 그 과정을 나는 어떻게 기록할 것인가. 그런 태도로 일을 바라보기 시작하자 많은 것이 달라졌다. 일단 나의 하루하루가 너무 특별해졌다. 내가 오늘 어떤 일을 했는지, 어떤 태도로 풀어 가려고 했는지, 무엇을 배우고 느꼈는지, 지금 이 순간에만 할 수 있는 기록을 하기 시작했다. 누군가에게 보여주기 위한 기록이 아닌, 나를 위한 기록을 시작한 것이다.

마음이 바빠 돌보지 못했던 내 일상의 결도 찬찬히 만져 주고 싶어졌다. 어느새 나는 또 여유가 없어져 삶에 여백을 두지 않고 살고 있었다. "엄마, 나 바빠."라는 말로, 엄마가 그린 그림도 제대로 한 번 봐주지 않고 집을 나섰고, 나이를 먹어 모든 게 느려진 강아지와 산책 한 번 나가지 않았다. 내 삶에 '일'만 있는 것은 아닌데, 무엇을 위해 내가 이렇게 시간을 보내고 있을까. 내가 쉼을 느끼는 좋아하는 순간들을 찾아보기로 했다. 그리고 내 일상에 그런 순간들을 조금은 의도적으로 들여놓아 주기로 했다.

삶에서 고민거리는 언제나 있기 마련이다. 내가 현재 이루고 싶은 것을 이루고 성취한 그 날에도 그날의 고민은 존재할 것이다. 그렇게 생각해보면 오늘의 행복을 미룰 이유가, 과정을 즐기지 않을 이유가 없다. 요즘은 가끔 잠들기 전에 스스로 말을 걸어본다. "오늘 어땠어? 재미있었지? 고생했어. 오늘도 잘했어. 내일도 행복하자." 예전의 나라면 하지 않았을 행동이지만, 해보니 꽤 좋았다.

그때부터 매일의 생각과 과정을 기록하기 시작했다.

막간해리툰 — "내 일에 이름 붙여주기"

일하면서 파트너들에게 내 '역할'을 명확하게 알려달라 요구 하곤 했다. 잘 모르겠으니까, 어려우니까, 누군가가 정해주기를 기대했는지도 모른다. 그러다 어느순간, 나의 '역할'은 내가 정해야 한다는걸 깨달았다.
머리로는 알았지만 진짜 깨달은건 이때.

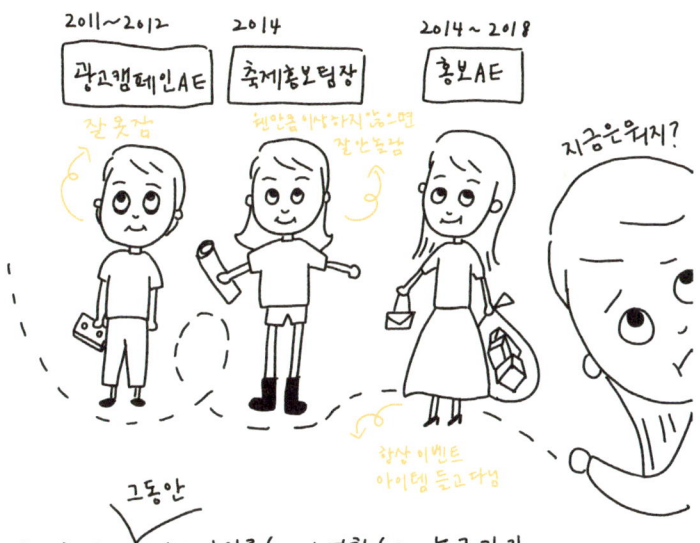

생각해 보면 나의 '이름'과 '역할'은 누군가가
나에게 부여해준 것들이었다. 상황마다 주어진 역할에
충실하려 했었는데, 그러다 보니 그 모든 것을 떼고난
'나'에 대한 감각을 놓치고 살아가게 된 것이 아닐까.

한 덩어리로 뒤엉켜 있는 다양한 정체성들을 알아봐주고 각각의 경계를 구분해주고 이름 지어주는 것은 중요하다. 이름을 붙여주는 순간 그것에는 이야기가 생겨나고 의미가 부여되기 때문이다.

그때부터 '나'에 대한 힌트 찾기가 시작되었다. '너, 정말 뭘 하고 싶어?'라는 질문을 스스로에게 계속 물으며 나의 '일'에 내 방식대로 이름을 붙여주는 연습을 하고 있다.

내 이름과 역할은 내가 정해야 한다

늘 '나'보다는 다른 이의 이야기를 듣고 의미를 발견하는 일을 해왔던 내가 내 이야기를 바라보기 시작한 건, 졸업논문을 쓰면서부터였다. 논문 주제를 잡지 못해서 2년이면 졸업하는 학교를 8년이나 다녔다. 사람들은 '대충 써서 얼른 졸업해', '그냥 안 써도 되지 않아?'라고 했지만, 왠지 이 논문의 주제를 정하는 일이 내 삶의 주제를 정하는 일처럼 느껴져 놓지 못했다.

내가 하고 싶은 이야기가 무엇인지 끈질기게 붙들어 보고 나니 결국은 '정체성'에 대한 이야기가 나왔다. 유독 갈팡질팡하며 방황했던 나의 이야기를 객관적으로 기록하고 예술경영학의 관점에서 해석하는 작업을 하기 시작했고, 완성된 글에는 「밀레니얼 예술경영자의 무경계 실천 사례 연구」라는 제목을 붙여 주었다.

부끄럽지만 글을 쓰면서 혼자 정말 많이 울었다. 다 써 놓고 보니 그저 책 한 권인데, 내 이야기를 꺼내고 의미를 부여하는 일이 나는 왜 이렇게 어렵기만 한지. 논문을 내고 나서 생각지 못한 변화가 찾아오기 시작했다. 아직 부족하다고만 생각했는데, 예술이나 문화기획을 업으로 삼고 싶어하는 20대 친구들이 나를 찾아오기 시작한 것이다. 마치 예전의 나처럼 눈물을 뚝뚝 흘리며 불안해하는 사람들을 보면서, 처음으로 내 이야기를 나눠주고 싶다는 생각을 하게 됐다. 나도 많이 울었다고, 똑같이 불안했다고, 그러면서 지금 여기까지 이렇게 왔다고 말해주고 싶었다.

나에게 매몰되어 있던 시선을 들어 주변을 둘러 보니 또 다른 꼬불꼬불한 사람들, 이름을 찾는 사람들이 보이기 시작했다. 그들과 대화를 나누는 것이 나의 또다른 일이 되었다. 내가 나 스스로 사용해왔던 질문과 정리의 방법들을 나누기 시작했다. 신기하게도, 나누면 나눌수록 내가 더 또렷해졌다.

"지난 번 해리님이 저에게 새롭게 이름을 붙여 주셨잖아요. 그때부터 제 정체성을 다시 찾기 시작했어요." 기록상점에서 이 대화를 나눈 날, 집으로 돌아오는 길에 이름을 붙여준다는 것은 어떤 것인가를 내내 생각했다. 이름과 정체성은 연결되어 있다. 그런 의미에서 이 '이름 붙여주기'는 단순하게 작명을 하는 것만은 아닌 것 같다. 내가 해온 경험의 의미를 생각하고, 다시 바라보고, 비슷한 경험들을 하나로 묶고, 이름을 붙여주는 것. 그건 내가 이 이야기를, '나'를 새롭게 해석하겠다는 의지다.

나도 나에게 이름을 붙여 보기로 했다. 내가 스스로에게 붙여주는 이름에는 무엇보다도 내가 좋아하는 내 모습, 내가 되고 싶은 내 모습이 담겨야 한다고 생각했다. 그래야 오래 할 수 있고 즐겁게 할 수 있으니까. 이것 저것 고민한 끝에 몇 년 동안 바꾸지 않았던 SNS 프로필의 소개글을 바꿨다.

이상하고 재미있는 일들을 벌이는 문화기획자
스토리로 브랜딩을 말하는 스토리 디렉터
소소한 일상, 오래된 물건, 여행을 좋아하는 사람

쓰고 나니 기분이 묘했다. 이렇게 스스로에게 이름을 붙여 주었으니 그 이름에 맞게 살아야겠다는 생각이 들었다. 결국 무언가가 '된다'는 것은 스스로 선택하고 그 선택에 책임을 지는 것 같다.

내가 나에게 이름을 붙여주는 일은 어색하고 낯설지만 중요하다. 내가 나에게 이름 붙여주지 않으면, 다른 사람이 지어준 이름으로 살아가야 한다. 나도 그랬다. 광고회사와 PR회사에 다녔다는 이유로, 사람들은 나에게 홍보 일을 의뢰했다. 나는 '홍보'라는 단어가 나에게 맞지 않는다고 생각했다. 반면 '기록'이나 '스토리', '기획'이라는 단어는 좋았다.

내가 나에게 '문화기획자'라는 이름을 붙여준 순간부터, 나를 문화기획자로 인식하는 사람들이 늘었다. 홍보 의뢰는 더이상 들어오지 않았다. 그 대신 문화기획 강연이나 협업 문의가 들어오기 시작했다. 나와 비슷한 사람들과 연결되는 일도 많아졌다. 내가 바라던 방향으로 일이 만들어진다는 것이 너무 신기했다. 원하는 것이 있다면, 그저 기다리기보다 먼저 표현하고 이야기해야 한다는 걸 깨달았다.

어쩌면 몇년 뒤 나는 '귀촌인'이라는 이름을 쓰고 있을 수도, '바리스타'라는 이름으로 나를 소개할 수도 있다. 사람의 일은 알 수 없으니까 말이다. 나를 표현하는 이름은 한 번 정하면 바꿀 수 없는 것이 아니라 내가 어떤 시점에서 어떻게 바라보느냐에 따라서 달라질 수 있을 것이다.

앞으로도 그렇게 유연하고 단단하게 나를 대해주고 싶다. 내가 어떤 사람인지, 무엇을 하며 살고 싶은지 잘 알아차려 주고 싶다. 그리고 그 마음을 솔직하게 드러내고 주체적으로 표현하는 연습을 계속해 보고 싶다.

appendix
나만의 이야기를 정리하는 법

나의 언어로 내 일의 의미와 나라는 사람의 정체성을 정리하는 것은, 저 자신에게 가장 필요한 작업이었어요. 어느 날, 더 이상은 미루고 싶지 않다는 생각으로 책상 앞에 앉았습니다. 마음 먹고 저 자신을 정리하고 나니 조금은 단단해진 기분이 들었습니다. 그리고 신기하게도, 조금씩 내가 원하는 방향으로 삶을 만들어 가고 있다는 감각이 느껴졌습니다.

이 장에는 그렇게 제가 저의 일을 정리해 온 방식과 도구들을 수록했습니다. 저의 이야기를 레퍼런스 삼아 자신의 이야기를 자기만의 방식으로 정리해 보면 좋겠습니다. 나에게 초점을 맞추고 온전히 나만을 위한 시간을 보낸다는 건 꽤 즐거운 일이거든요.

나의 경험 지도 그리기

하루하루는 너무 사소해서 그 의미를 알기가 어렵습니다. 그래서 저는 '덩어리'로 지난 경험을 회고하는 것을 좋아합니다. 멀리서 보면 보이지 않던 것들이 발견되기도 하거든요. 지금까지 내가 경험해왔던 것을 회사나 사회의 기준이 아닌 내 기준으로 재해석해 보세요. 그 일이 나에게 어떤 의미였는지 객관화해서 다시 바라보는 작업입니다.

① 나의 커리어 경험에서 의미 있었던 순간을 점으로 찍고 선으로 감정의 그래프를 그려 봅니다. 하나의 선으로 표현할 수 없다면 여러 갈래로 그려 보아도 좋아요

② 지난 시간들을 내 기준에서 세 개의 시즌으로 나눠 보세요. 오로지 나만의 관점으로 경험의 시작점과 끝점을 설정해 보는 거예요. 시즌별로 이름도 자유롭게 붙여 보세요. 그 이름은 당시의 내 감정이 될 수도 있고 변화의 포인트가 될 수도 있어요.

③ 내 감정의 그래프는 언제 가장 높았고 또 언제 가장 낮았나요? 내가 긍정적으로 일했던 순간 Good Point 과 그렇지 않았던 순간 Bad Point 의 특징을 발견해 보세요

My Experience Map

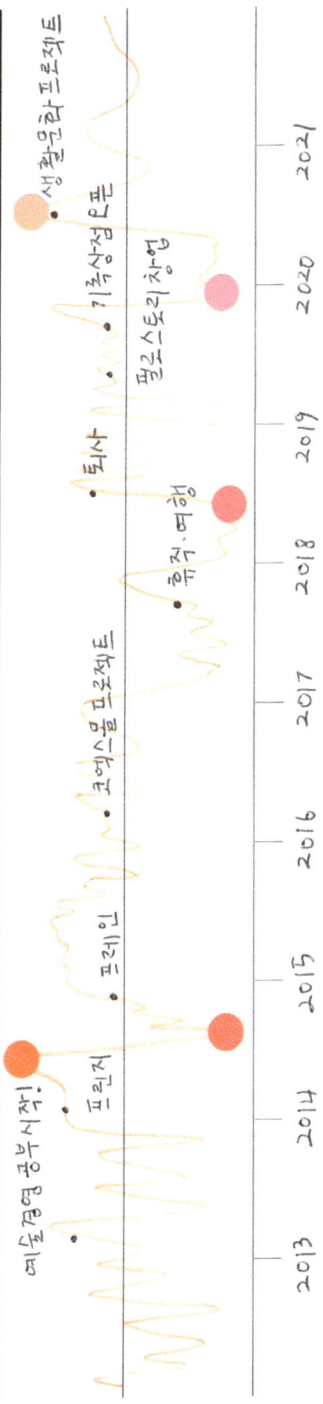

변하지 않는 나의 키워드 발견하기

혹시 들쭉날쭉한 이력을 가졌나요? 스스로를 설명하기가 어렵나요? 걱정하지 마세요. 다른 사람들에게는 보이지 않더라도 당신에겐 당신만의 이유와 맥락이 분명히 존재합니다. 시간 순서대로, 조직을 기준으로 나열한 이력서에는 드러나지 않는 나만의 키워드를 발견해 봐요.

① 당신의 삶에서 특별히 의미가 있었던 프로젝트를 떠올려 보세요. 그리고 그 중 3개, 최대 5개만 골라 보세요. 여기에서 중요한 건 '나'를 중심으로 회고하는 것입니다. 나는 그 안에서 어떤 일들을 했나요? 외부의 평가와 무관하게 그 일에서 내가 잘하고 싶었던 건 무엇이었나요? 나는 그 안에서 어떤 역할을 했나요? 공식적으로 주어진 역할이 아님에도 불구하고 자연스럽게 내가 맡게 된 역할이 있었나요?

② 너무 긍정으로도, 너무 부정으로도 치우치지 않는 균형 있는 회고를 좋아합니다. 내가 그 경험에서 좋았던 점, 앞으로도 계속 이어가고 싶은 것^{Keep}, 아쉬웠던 점^{Problem}, 그 경험으로 인해 새롭게 시도하고 싶어진 것, 앞으로 해보고 싶은 것^{Try}을 각각 적어보세요.

③ 이 프로젝트는 당신에게 왜 의미가 있을까요? 수많은 일들 중 왜 하필 이 프로젝트를 고르게 되었나요? 그 이유들을 편안하게 적어 보고, 오른쪽 칸에는 하나의 키워드로 압축해 보세요. 이 프로젝트는 당신에게 한 마디로 말하면 무엇인가요? 그렇게 여러 개의 프로젝트를 회고하다 보면 의외의 공통 키워드가 보일지도 모릅니다.

		그 일이 나에게 의미 있었던 이유
	공간기획	공간 운영 경험
	커뮤니티	나와 비슷한 사람들을 만난 것
	영상	나이 한계에 거면...
	크리에이터	프텐지원자 → 크리에이터
	파운더스클럽	다양한 기회, 크리에이터, 마케팅...
	콘	콘 콘텐츠 기획 경험

Keyword **BE A CREATOR!!**

프로젝트명	기획 신청	나의 역할	기획자, 콘텐츠 크리에이터, 운영자
진행시기	2019.11.~		

→ 다양한 역할을 다해본 듯!

그 일에서 내가 시도하고 만들어낸 것들
- 공간기획
- 콘텐츠기획 < 기획콘텐츠 (타 크리에이터 협찬), 우리길콘텐츠 ＊ 필로스토리
- 이야기자상 커뮤니티 기획, 운영
- 각종 디자인 ↔ 뉴스레터, 인스타, 팝업 ⤴ 만들었습니다
- 전시기획

Keep: 공간 운영경험. 크리에이터 정체성!

Problem: 영상, 커뮤니케이션 더 잘 챙겨들걸...

Try: 나만의 콘텐츠 기획, 잇 시스템 만들기

내가 좋아하는 방식으로 내 정체성 결정하기

내 정체성을 내가 스스로 결정해주지 않으면, 누군가가 붙여준 이름과 역할로 살아가야 합니다. 물론, 고작 몇 개의 정체성으로 나라는 사람을 규정짓는다는 것이 불편하게 느껴질 수 있어요. 여기에서 중요한 것은 나는 매일 변화하는 존재라는 사실을 인정하는 것입니다. 나의 정체성은 내일 또 변할 수 있다는 전제 하에, 일단 오늘 한번 정해보는 것입니다. 저는 '일단 정해보는 것'이 참 중요하다고 생각해요.

① 나는 무엇을 하는 사람인가요? 소속된 조직이나 사회가 부여한 역할에서 벗어나 새로운 언어로 '나'에게 이름을 붙여 보세요. 우리가 흔히 아는 직업의 이름에서 벗어나 다소 엉뚱한 언어를 사용해 보아도 좋아요. 이 문장은 나의 일을 표현하는 키워드이자 나만의 포트폴리오 카테고리가 되어 줍니다.

② 그 정체성으로 해왔던 일들이 무엇이 있는지 아래에 프로젝트 리스트를 써 보세요. 정체성을 기준으로 프로젝트를 써 보면 전혀 이어지지 않았던 경험들이 서로 엮이는 것을 느낄 수 있습니다. 프로젝트별로 구체적인 결과물이나 자료들이 있다면 한번 모아 보세요. 내가 썼던 기획서, 홍보물, 제품 사진, 신문기사, 사람들의 리뷰… 무엇이든 좋습니다.

I am	I am	I am
정리 하는 사람	보물찾기 하는 사람	수집·기록 하는 사람

Project (정리)
- 미팅 리포트나 기획서 등 정보 읽고·정리·전달
- 디자인 툴 개발
- 필요 스토리 스토리 개발 서비스
- 주요 언어·디자인으로 정리·전달하는 표면
- 히스토리 정리 ✊

Project (보물찾기)
- 벼룩시장에서 보물 잘 찾음
- 그 사람만의 매력·특징 잘 찾음
  - 인터뷰 잘함
  - 사진 잘 밝음
- 피시닝 브랜딩 → 크리에이터 아이덴티티 인장앞기
- 보물찾기 망명 센서 (Toolkit)

Project (수집·기록)
- 노트 기록이 습관화
- 빈티지 수집가 ~ 정이 정그러움 (ㅋㅋㅋ)
- 기록 수집 궁영
- 꾸준히 기록하는 것들이 쌓여 다양한 곳에서 기호 스탠. 아카이브로 호칭

연결되고 싶은 사람들 구체화하기

오은영 선생님의 이야기를 듣는 것을 좋아하는데요. 특히 기억에 남는 이야기가 있어요. '아이가 괴롭힘을 당했을 때'라는 주제로 하신 말이에요. 같은 반 아이들이 모두 '친구(friend)'는 아니며 '그냥 생활을 같이 하는 사람들(classmate)'라는 것이죠. 모든 클래스메이트가 친구가 될 수는 없고, 잘 맞지 않는 사람과 친구가 될 필요는 없다는 말이 제겐 영감이 되었습니다.

저는 이러한 인간관계의 법칙을 일에도 적용할 수 있다고 생각합니다. 일도 결국은 나와 사회의 관계니까요. 나와 맞지 않는 사회와는 억지로 친하게 지낼 필요 없습니다. 나에게 긍정적인 에너지를 주는 환경을 찾아가는 것도 삶의 기술이라고 생각해요. 그리고 무언가를 싫어하는 감정은, 나쁜 게 아닙니다. 오히려 나에게 맞지 않는 것은 빠르게 알아보고 멀어지는 것이 좋습니다.

① 나는 어떤 사람과 연결되고 싶은가요? 어떤 사람들과 일하고 싶은가요? 어떤 곳에서 일 제안을 받고 싶은가요? 아주 구체적으로 떠올려 보세요. 실제 브랜드명을 써도 좋고, 예전에 일해 봤던 사람에 대해 생각해 봐도 좋습니다.

② 그들의 공통점에 대해 생각해 보세요. 그 사람은 어떤 사람인가요? 어떤 어려움을 겪고 있어서 나를 찾게 될까요? 그리고 나는 그것을 도와줄 수 있나요? 어떻게 도와줄 수 있을까요? 그 사람이 내 눈 앞에 있다고 생각하고 아주 구체적으로 적어 보세요.

생각을 체계적으로 정리하기

Problem
아이디어, 문드진즈를 정리하는 것을 어려워함 (확장의 한계)
← 이건 너무 흩어는데...

My Solution
생각 정리
완성텀, 정리들것 제고!

~를 원하는 사람

자기 표현 더 잘하기

Problem
스스로가 갖고 있는 매력이 뭔지 잘 몰라요. 개전적이라서 필요.
↙ 성향파악
자기다움 ← 표현 더 잘하기

My Solution
(필요스토리)
스토리들것

~를 원하는 사람

내 일의 의미를 돋아보기

Problem
내 일의 의미를 어떤 방법으로 알성하고 해석해야하는지 궁금

My Solution
시시몸을 거리어
스도리가 있는 일것. 이 책!!!

~를 원하는 사람

"이런 게 예술이 아니면 뭘까?"

갑자기 그간 놓고 있던 예술이란 키워드가 다시 떠올랐습니다. 좋은 콘텐츠를 기획하는 일, 기업과 예술을 연결하는 일… 그건 제가 잘할 수 있는 일이자 좋아하는 일이기는 하지만, 처음 예술에 빠져든 본질적인 이유는 아닌 것 같았습니다.

시작점을 곰곰이 짚어 나가다 보니 삶을 조금 다르게 살아보고 싶은 마음, 다양한 문화와 교류하며 삶을 긍정적으로 변화시켜 나가고 싶은 마음— '창조적 삶'에 대한 열망이 저를 예술로 이끌었다는 생각이 들었습니다.

예술적인 삶을 살고 싶습니다. 저에게 예술적인 삶은, 단순히 예술을 소비하는 삶도 아니고, 예술을 직업으로 삼는 삶도 아닙니다. 주체가 되어 창조적인 삶을 사는 것입니다. 나의 삶을 창조적으로 재구성하는 작업은 작가가 작품을 만드는 과정과 닮아 있고, 저는 자기만의 삶을 살고 있는 사람들, 자기다운 철학으로 일하는 사람들을 예술가라고 부르고 싶습니다.

그런데 이 생각에 가 닿기까지 너무나 오랜 시간이 걸렸습니다. 예술에 대한 고정관념 때문입니다. 흔히 '예술'이라 하면 예술공간에 있는 '작품'을 떠올리고, 천재적인 재능을 가진 예술가의 이름을 이야기합니다. 왜일까요. 많은 사람들이 그 틀에서 벗어나지 못하는 것 같습니다. (저 또한 그런 사람이었고요.)

하지만 제가 좋아한 예술의 본질은 언제나 '결과'나 '작품'이 아닌 '과정'과 '태도'에 있었습니다. 솔직히 이야기하자면, 제가 사랑한 건 위대한 예술 작품보다는, 기존에 없던 일과 삶을 함께 상상하

epilogue

고 만들어가는 과정, 그리고 마음 맞는 동료들과의 진실한 대화였거든요. 그게 저의 '예술'이라는 걸 알고 난 순간부터, 마음이 조금은 편안해졌습니다.

앞으로도 계속해서 '나만의 일'을 만들며 살고 싶습니다. 좋아하는 일을 좋아하는 방식으로, 잘 하고 싶습니다. 그리고 이 모든 고민이 저 혼자만을 위한 일이 아니기를 바랍니다. 제 삶이 다른 누군가에게 영감을 주고 저도 다시 그 에너지를 돌려 받으며 함께 나아간다면, 얼마나 좋을까요. 예술적 삶을 만들어 나가는 데에 영감을 주는 일, 스스로의 삶을 예술적으로 재해석하는 과정을 돕는 일, 그건 또다른 의미의 예술경영 작업이라는 생각이 듭니다.

이 책 또한 그런 마음으로 만들었습니다. 이 책을 통해 또 다른 누군가가 자신의 이야기를 새롭게 발견하고 정리해보기를, 자신의 일을 자유롭게 상상하고 스스로의 언어로 이름 붙여 보기를, 자기만의 예술을 하기를 기대합니다.

좋아하는 일이 직업이 될 수 있을까

초판 1쇄 2021년 6월 9일
초판 5쇄 2024년 8월 6일

지은이 김해리
펴낸이 김해리

기획·편집 김해리
디자인 김해리
인스타그램 @walkandclip

펴낸곳 니터
출판등록 2022년 4월 26일 제 2022-000035호

ISBN 979-11-978980-0-6 13600

○ 무단 전재와 복제를 금합니다.